华为创新三十年
解密华为成功基因丛书

华为之人力资源管理

王京生　陶一桃／主编
杨　柳／执行主编
张继辰／著

海天出版社
·深圳·

图书在版编目（CIP）数据

华为之人力资源管理 / 张继辰著. — 深圳：海天出版社，2018.12
（华为创新三十年：解密华为成功基因丛书 / 王京生，陶一桃主编）
ISBN 978-7-5507-2518-8

Ⅰ.①华… Ⅱ.①张… Ⅲ.①通信企业—企业管理—人力资源管理—研究—深圳 Ⅳ.①F632.765.3

中国版本图书馆CIP数据核字(2018)第244929号

华为之人力资源管理
HUAWEI ZHI RENLI ZIYUAN GUANLI

出 品 人	聂雄前
责任编辑	涂玉香　张绪华
责任技编	陈洁霞
封面设计	元明·设计

出版发行	海天出版社
地　　址	深圳市彩田南路海天大厦（518033）
网　　址	www.htph.com.cn
订购电话	0755-83460239（邮购）0755-83460202（批发）
设计制作	蒙丹广告0755-82027867
印　　刷	深圳市希望印务有限公司
开　　本	787mm×1092mm　1/16
印　　张	17.75
字　　数	196千
版　　次	2018年12月第1版
印　　次	2018年12月第1次
定　　价	58.00元

海天版图书版权所有，侵权必究。
海天版图书凡有印装质量问题，请随时向承印厂调换。

| 推荐序一 |

华为是一种文化

历史的长河浩瀚、深远而又奇异,任何人都无法通晓所有的历史,我们能做到的只是抓住历史上那些标志性的事件、人物,给出一个解释和说法,这便是对历史的研究了。比如,当我们说到中国的改革开放的时候,必然会提到邓小平,必然会提到联产承包责任制,尤其必然会提到深圳。而在提到深圳时,必然会提到华为,因为华为是一种文化。

其实观察任何事物,无论是企业还是世界,文化都是最基础、最深厚、最重要的。由于眼光和研究方向的不同,也有人更注意企业的产品市场占有率、人才和管理。但在我们看来,这一切不过是企业的外在表现而已。如果我们从文化视角去观察华为,也许更能看清楚,这朵根植于深圳而又影响世界的奇葩,是如何展现了这个民营企业的雄心壮志以及为此而付出的艰苦卓绝的努力。同时,我们还会看到它的"掌门人"及团队的格局、眼光和不同于一般企业家的智慧。

如果从头说起,华为的诞生充满了悲壮的色彩。1987年,任正非从部队退役后,用21000元人民币创办了一家规模很小的民营企业。当时,日本的NEC(日本电气股份有限公司)和富士通、美国的朗讯、加拿大的北电、瑞典的爱立信、德国的西门子、比利时的BTM(贝尔电话公司)和法国的阿尔卡特等洋品牌正在中国市场上耀武扬威。作为一个名不见经传的民族交换机品牌,华为置身于"八国联军"的包围中,要活下去尚且很艰难,又何谈三分天下占其一呢?

它的"掌门人"任正非偏偏不信邪,还放出豪言:"十年后,世界通信行业三分天下，华为将占'一分'。"这是何等的自信与格局！正如西方经济学家约瑟夫·熊彼特在《经济发展理论》一书中所说："典型的企业家比起其他类型的人，是更加以自我为中心的，因为相比其他类型的人，他不那么依靠传统和社会关系，他的独特任务——从理论上讲以及从历史上讲——恰恰在于打破旧传统，创造新传统。"熊彼特认为，企业家精神一是存有建立自己的王国的梦想；二是存在征服的意志、战斗的冲动；三是存在创造的欢乐，为改革而改革，以冒险为乐事。这些论述冥冥之中讲的就是任正非。可以说，企业家精神就是企业的灵魂，与工匠精神、创新精神一起，构成企业文化的三大精神支柱。当然，光有精神是不够的，华为能够一路跋山涉水走到今天，也离不开它所建立起的包括人才、技术、财务、市场在内的一整套完善的制度管理体系。

和很多中国创业企业最后变成家族企业，结果一代企业家的老去让企业走向衰亡不一样，创造了华为奇迹的任正非并没有唯我独尊。今天的华为，在全球拥有18万多名员工。通过持股计划，任正非让员工持有华为股份，自己仅持1.4%的股份，其余90%多的股份都属于华为员工。谁说民营企业家胸怀有限？华为通过全员持股，让大家结成利益攸关的命运共同体，走的是共建、共治、共享之路，这是任正非的一个独创。其实，它的根本在于"得人心者得天下"。《孙子兵法》载"知之者胜，不知者不胜"的五个方面："一曰道，二曰天，三曰地，四曰将，五曰法。"又载"上下同欲者胜"。华为正是如此，有行于天下的大道，有一批精兵猛将，有凝心聚力的法度，得天时、地利、人和，上下同欲，何能不胜？

华为的成功是来之不易的。30年间，华为由弱到强的过程中充满了汗水、血泪、挣扎和拼搏，不仅有管理过程中的"市场部辞职风波""华为的冬天"等忧思，还有在海外拓展中面临专利诉讼等各种艰辛，在选择业务方向时也有人对华为进入智能手机市场表示质疑。不论来时的路多么艰险曲折，华为人始终坚持"以客户为中心""以奋斗者为本""长期坚持艰苦奋斗"的经营哲学和成长逻辑，一路走来，越走越自信，越走道路越开阔。经过30年的发展，逐渐形成的"华为精神"实际包含了任正非所倡导的以人为本、艰苦奋斗和自我批判等重要思想。

看似简单的道理，实践起来相当不易。当企业管理遇到瓶颈的时候，华为与世界一流管理咨询公司合作，在集成产品开发(IPD)、集成供应链(ISC)、人力资源管理、财务管理和质量控制等方面进行深刻变革。任正非提出著名的"先僵化，后优化，再固化"的管理改革理论。这一管理变革经过20多年的实践，取得了巨大成功。华为从民营小企业一跃登上全球最大的通信设备供应商的宝座，不仅因为它在技术上从模仿到跟进又到领先，更因为华为一直在不断探索管理模式的创新，建立了与国际接轨的管理模式。

我们可以看到很多这样的例子：不少非常优秀的企业曾处于巅峰，不料短短数年后，却出现断崖式崩溃。华为毫无疑问也经历过多次这样的危险时刻，它为什么可以不断从危险境地中走出来呢？任正非带领企业一步一步地由弱到强，带领华为进入"无人区"，走向更大的胜利，这是因为他深谙发展和灭亡的无限循环之道，并且不断地追问自己："华为的红旗到底能打多久？"企业，不是在危机中成熟，就是在危机中死亡。因此，任正非充满了危机意识，而他思考的结论是："世界上只有那些善于自我批判的公司才能存活下来。"他曾如此写道："20多年的奋斗实践，使我们领悟了自我批判对一个公司的发展有多么的重要。如果我们没有坚持这条原则，华为绝不会有今天……只有长期坚持自我批判的人，才有广阔的胸怀；只有长期坚持自我批判的公司，才有光明的未来。自我批判让我们走到了今天，我们还能向前走多远，取决于我们还能继续坚持自我批判多久。"

企业越强大，危机意识越强。这种强大的危机意识构成了华为企业文化的DNA。正因为如此，任正非在公司2018年第四季度工作会议上又一次敲响警钟："现在外界过分夸大了华为公司，也有可能是灾难，因为他们不知道我们今天承受的高度痛苦，我们实际到底行不行呢？……如果只是表面的繁荣带来我们内心的自豪，就会导致惰怠，我们绝对不允许惰怠……"面对纷繁复杂的现实，华为高层的头脑是清醒的。他们明白，这种忧患意识，不应只存在于任正非一个人的头脑中，而要成为整个团队的自觉意识。

所谓"物壮则老"，唯有深根固柢，才能枝繁叶茂。企业要保持蓬勃向上的活力，必须形成一种可持续发展的文化。我们看到，改革开放以来，很多企业在不同阶段各领风骚，短短40年已大浪淘沙了好几回，有的折戟沉沙，有的销声匿迹,有的步履维艰,有的跌宕起伏……华为能否跳出这个"魔咒",取决于其下一步的努力。

有一段时间,有媒体炒作华为总部要迁至东莞。为此,任正非专门找到深圳市委主要领导,要求同深圳市政府签订华为总部30年不外迁的协议。市委主要领导大气地对他说,协议就不用签了,因为签了协议,如果心不在这里,迟早会走;不签协议,只要我们的服务和环境好,你们也不会走。在任正非的一再坚持下,最后双方还是签了协议。

这个细节,让我们看见了深圳的包容、大气和华为的笃定、忠诚。深圳的崛起和华为的成长是同步的,两者有着共同的基因和血脉。华为是深圳发展的缩影,它体现了深圳人敢闯敢试、杀出一条血路的英勇坚毅。它的成长也和这座城市一样,充满悲壮、欢乐、成功和欲望的交响。因为有了这些深圳人,才有了华为;因为有了以华为为代表的企业和卓越的市民,才有了深圳的辉煌和对未来的信心。

当前城市之间的竞争,已经从"拼经济""拼管理"进入"拼文化"的阶段,企业亦是如此。文化是驱动创新的根本力量,文化的土壤越丰沃,创新的大树越茁壮。美国学者丹尼尔·贝尔(Daniel Bell)在《资本主义文化矛盾》一书中指出:"文化已成为我们的文明中最具活力的成分,其能量超过了技术本身……上述文化冲动力已经获得合法地位。社会承认了想象的作用,而不再像过去那样把文化看作制定规范、肯定其道德与哲学传统并以此来衡量、(通常是)非难新生事物的力量……我们如今的文化担负起前所未有的使命——它变成了一种合法合理的、对新事物永无休止的探索活动。"这最后一句话,是我们今天理解文化重要性的最深刻的一种表达。

诚然,只有根深,才能叶茂。这是世界的一个通行法则。人是文化的基本载体,最好的可持续发展是人的可持续发展。我们看到,今天的华为尤其注重基础教育、基础研究,秉持"用最优秀的人去培养更优秀的人"的理念,呼吁并致力大规模培育各类人才,为创新型国家建设和产业振兴发展点亮更多的火种。

翻开这套丛书,随处可以看到任正非原汁原味的讲话,这些话语闪耀着人文的光辉。我们可以看到,任正非身上富有远见、胆识过人、信念坚定和从容大度的领导特质。华为发展过程中的经典故事被娓娓道来,富有启迪意义,对于广大善于学习和积累的读者朋友来说，可以从中获得丰富的生活经验，吸取宝贵的人生智慧。

这套丛书不仅讲述了华为的成功是如何取得的，而且描述了华为充满辩证法和创新理念的企业文化，分析了华为人力资源管理的成功秘诀，介绍了华为国际化的战略选择及实现路径，因此这套丛书对于创业者和产业界人士来说是巨大的宝藏，可以从中受益。

当前，我国经济已由高速增长阶段转向高质量发展阶段，正处在转变发展方式、优化经济结构、转换增长动力的攻关期，建设现代化经济体系成为跨越关口的迫切要求和我国发展的战略目标。党的十九大报告指出，要深化供给侧结构性改革，激发和保护企业家精神，鼓励更多社会主体投身创新创业。眼下创新创业大潮在九州土地上风起云涌，无数有志之士正在商海搏击，他们同样怀着雄心壮志，试图用创新创业改变世界；他们也同样面临激烈的市场竞争、资产薄弱、人才匮乏等问题。华为由弱到强的发展历程势必将带给他们一些启迪，让这些弄潮儿了解创业者的使命以及企业成功与企业家内在修为之间的联系，并且培养如何获得自我反省的能力，由此激发出巨大能量，进而不屈不挠地奋斗。

华为是一种文化。中华民族最终自强于世界，最基础、最深沉的恐怕还是文化。而这种文化与中国古代文明既一脉相承，又推陈出新。它必须是一种创新型、智慧型、包容型、力量型的文化。所谓"创新型文化"，包括观念创新、制度创新、技术创新，等等。所谓"智慧型文化"，强调张扬人的理性，包括工具理性和价值理性。所谓"包容型文化"，强调开放、宽容、多样性和对话，具有海纳百川的气度和厚德载物的襟怀，是文化创造力的根本所在。所谓"力量型文化"，就是对真理"朝闻道，夕死可矣"；对事业"苟利国家生死以，岂因祸福避趋之"；对强敌"流血五步，血溅七尺""拼将十万头颅血，须把乾坤力挽回"。它与中国先秦文化中宝贵的"士"的精神一脉相承，是我们民族血性的灵魂。

"四型文化"作为一种崭新的文化，既是中华民族自立于世界之林的根基，又是大到一国，小到一人，包括城市和企业生生不息、自我完善的力量之源。而今天我们看到，这种文化正在华为生成和发展。创新型、智慧型、包容型自不待说，华为的力量型文化更是堪为民族企业的典范。华为若能持续不断地发展这种文化，必会走向更为强盛的未来。若这种文化式微，则再强大的企业或个人，亦将归于沉寂或失败。

华为30年磨一剑，只对准通信这个"城墙口"冲锋。这种执意与纯粹，不禁令人想起唐代诗人张籍。张籍为韩愈弟子，历任水部员外郎、国子司业等职，擅作乐府诗，世称"张水部"或"张司业"。今人耳熟能详的"还君明珠双泪垂，恨不相逢未嫁时"便出自其手。冯贽的《云仙散录》记载，张籍执迷于杜甫诗，常将杜诗烧灰拌蜜而食。有友来访，见其如此，不解，问其故。张答，吃了杜诗即可改换肝肠，写出与他一样的好诗。宋代王安石读张籍诗集时曾拍案叫绝，赋诗赞之："苏州司业诗名老，乐府皆言妙入神。看似寻常最奇崛，成如容易却艰辛。"这首《题张司业诗》虽谈诗歌创作，但同样可以用在任正非和华为身上。他们的成功看似寻常，实则奇崛，背后不知凝结了多少艰辛的汗水和血泪，写下的是一部更为辉煌的史诗。

任正非是一位很可贵的商业思想家，我们的时代需要更多像他这样负责任有担当的风云人物，需要更多像华为这样具有创新活力和国际视野的高科技企业。本套丛书给我们提供了学习任正非思想和华为经验的宝贵窗口，希望这套书的出版能让更多读者获益，帮助他们实现自己的梦想。

王京生

2018年11月

| 推荐序二 |

鱼为奔波始成龙

时逢中国改革开放40周年之际,在中国改革开放进程中拥有代表性地位的杰出民营企业和它的创始者,再一次在历史上留下厚重的印记,这无疑是一件具有社会价值与划时代意义的事情。这不仅仅是对一家企业成长历史和发展奇迹的描述,也是对一座城市神奇般崛起与灿烂辉煌的历程的记载,更是对一个伟大的变革时代的激情礼赞。

我们生活在一个需要企业家而又产生着企业家的时代;也生活在一个需要企业家精神而又产生着企业家精神的时代。可以说,在中国现代史上,没有哪一座城市能像深圳那样,为国家培育出那么多奋斗在改革开放最前沿的真正的第一代企业家。同样可以无愧地说,深圳是中国现代企业家的摇篮。正是与这座年轻的城市一同成长起来的企业家和企业家精神,才使得昔日的小渔村创造出了令世人瞩目的中国奇迹,华为就是其中极富代表性的一个。所以我认为,对华为的记载不仅有故事的讲述,还有故事所蕴含的对我们所生活的时代能够产生震撼的那种力量,能留给一个奋斗中的民族世代承继的那些情怀与精神。这就是能够创造(物质)财富的(精神)财富之企业家精神,能在不断创新中改变世界的来自企业家自身的无穷的魅力与力量。

对于改革开放的中国而言,是伟大的时代造就了企业家,而伟大的企业家又推动了时代的发展。彼得·德鲁克认为:企业家精神中最主要的是创新,创新是企业家精神的灵魂。同样,熊彼特关于企业家是从事"创造性破坏"(Creative Destruction)的创新者观点,凸显了企业家精神的实质和特征。但创新绝不是"天才的闪烁",而是企业家艰苦工作的结果。创新精神的实质是"做不同的事,而不是将已经做过的事做得更好一些"。所以,这需要社会给予一视同仁的机会与包容宽松的制度-文化空间。而来自所有制的歧视,是最深重的歧视。这种歧视,会从根本上扼杀企业家的创新精神。因为,任何人面对无法改变的制度风险,都不会去创新。深圳正是为如华为这样的民营企业提供了生长壮大的制度-文化土壤,从而使占所有制结构90%以上的民营企业成为深圳经济发展的肥沃土壤与内在原动力。

完善市场经济体制,尊重市场规律为企业家和企业家精神创造了赖以生存的制度环境。因为,只有成熟的市场经济才能培养出真正的企业家,才能培育出真正的企业家精神。市场经济是原因,而不是结果。企业家既不是由行政机关提拔起来的,也不是如劳模一样被评选出来的,而是在市场中"锻造"出来的。

冒险可谓企业家的天性。其实,如果没有冒险精神,就不可能有任正非当初自称"纯属无奈"的下海;没有冒险精神,同样不可能有华为的所谓"狼性文化"和"虎口夺食"的一个个惊心动魄的故事。法国经济学家理查德·坎迪隆(Richard Cantillion)和美国经济学家弗兰克·H·奈特(Frank Hyneman Rnight)曾将企业家精神与风险(Risk)或不确定(Uncertainty)联系在一起。他们甚至认为,没有甘冒风险和承担风险的魄力,就不可能成为企业家。企业创新是有风险的,这种风险只能对冲不能交易。也就是说,这样做,要么成功,要么失败,没有第三条道路。

当然,在成熟的市场经济秩序下,企业家的冒险是与市场赌博,而不是与权力较量。市场越自由竞争,企业家越敢于冒险。因为,相对于权力干预,市场是可预期的。与权力较量,在大多数情况下只有一个结果,那就是输;与市场赌博则会有输有赢,其结果取决于个人智慧和判断,既便输也愿赌服输。同时,权力的参与还会引发寻租行为的发生,影响健康的市场经济文化的培育。没有过多权力干预的市场,才是真正健康的市场,而真正健康的市场,才能培育出真正的企业家和企业家精神。

中国40年改革开放的成功实践证明,法制健全的社会和敬畏法律的精神,是企业和企业家精神的生命力保障。合作是企业家精神的精华。尽管伟大的企业家看上去似乎是"一个人的表演"(One Man Show),但成功企业家的身后一定会站着"惠己悦人"的合作伙伴。正如经济学家阿尔伯特·赫希曼(Albert Otto Hirschman)所言:

企业家在重大决策中实行集体行为而非个人行为。企业家既不可能也没有必要成为一个超人(Super-man)，但企业家应努力成为蜘蛛人(Spider-man)，要有非常强的"结网"的能力和意识。

法律是一种制度安排，它以告之后果的方式限制人与人交往时可能出现的投机主义行为和损害他人利益的行为，从而降低社会的交易成本和机会成本。所以，从这个意义上说，法制健全的社会才是低成本运作的社会。每一个成功的企业家，一定首先是法律的"奴隶"，然后才是一个拥有选择权利的自由的人。

依法治国的关键不仅仅在于政府依法管理社会，更在于政府本身受法律约束。只有一视同仁，社会才会有公平，企业家精神才能真正富有生命力。

正因为如此，政府放权，给企业家选择的自由，已成为一种不可或缺的制度－文化环境支撑。它可以使企业家精神真正成为一种文化，真正成为改造社会的物质力量。在政府与市场的关系上，还应该是罗马归罗马，恺撒归恺撒。给企业和企业家在市场规则中自由"跳舞"的空间，就是给社会创造奇迹的机会。当然，一个富有改变精神的政府，又是实现这一切的根本保障。

德国著名政治经济学家和社会学家马克斯·韦伯(Max Weber)在《新教伦理与资本主义精神》中说：货币只是成功的标志之一，对事业的忠诚和责任，才是企业家的"顶峰体验"和不竭动力。诺贝尔经济学奖得主米尔顿·弗里德曼(Milton Friedman)更是明确指出："企业家只有一个责任，就是在符合游戏规则下，运用生产资源从事产生利润的活动。亦即须从事公开和自由的竞争，不能有欺瞒和诈欺。"

强大的国家与发达的市场是我们期望的，但它的前提是政府具有远见卓识。以华为为代表的一大批民营企业的成功与辉煌证实了这一点，中国改革开放的成功和中国奇迹的创造更加证明了这一点。华为不仅让我们看到改革开放的成就，更看到了中国制造的力量，可谓"红了樱桃，绿了芭蕉"。

我们的社会不会因为没有奇迹而枯萎，但会因为丧失创造奇迹的精神而失去生命。

陶一桃

2018年11月7日于南洋理工大学

前言

向华为学习什么

企业的命运都会随着时代潮流的变化而跌宕起伏,但华为似乎可以算是一个例外。在每一个浪尖谷底,它总是坦然走着自己的路,并最终开辟出一条通往世界的全球化之路。

华为作为中国最成功的民营企业之一,其营业额已经步入世界500强的门槛,成为真正意义上的世界级企业。华为2017年实现全球销售收入6036亿元人民币(同比增长15.7%),净利润475亿元人民币(同比增长28.1%),稳居全球第一大电信设备商之位,成为最受瞩目的行业领导者。

"10年之后,世界通信行业三分天下,华为将占'一分'。"华为创始人任正非当年的豪言犹在耳边。如今,华为这一梦想已然实现。任正非凭借着自己出色的经营思想和卓越的管理才能创建了华为,带领华为不断地发展壮大,从中国走向世界,使华为在世界上产生了巨大的影响并最终改写了全球电信业的"生存规则"。

《时代周刊》多年前曾如此评价任正非:"年过六旬的任正非显示出惊人的企业家才能。他在1987年创办了华为公司,这家公司已重复当年思科、爱立信卓著的全球化大公司的历程,如今这些电信巨头已把华为视为'最危险'的竞争对手。"

改革开放之初,深圳对改革开放的贡献不仅仅是"破",更重要的是"立"。华为是深圳建立现代企业制度的先锋,是中国企业开展国际化战略和走向跨国公司之路的先行者,是最早迈入知识密集型发展道路的中国公司。华为是中国企业实现国际化的一面旗帜,它所走过的路正在被众多中国企业追随。华为的价值,在于它探索出了一条在中国发展与管理高科技企业的道路,包括如何建设企业的治理结构、价值观体系、研发管理体系、人力资源管理体系、财务管控体系等;华为的价值,在于它成功地探索出在中国管理与运营国际化大企业的方法,探索出具有中国特色,又与国际接轨的经营模式和内在机制，创造性地解决了国际先进企业管理模式如何在中国落地的难题，实现国外先进管理体系的中国化；华为的价值，还在于它对技术创新长期重视，持续巨资投入，在全球化拓展中坚持"开放但不结盟"的原则，形成了强大的技术实力和独特的商业运营模式，成为一家享誉全球的创新标杆企业。

华为就在我们身边，鲜活而真实。对于这个触手可及的商业案例，我们如果加以深入分析和研究，挖掘它的成长逻辑、管理哲学，认真总结，彰显其示范作用，必定具有非常重大的现实意义。本套丛书分为《华为之管理模式》《华为之人力资源管理》《华为之企业文化》《华为之国际化战略》《华为之研发模式》5本，系统介绍了华为不同方面的宝贵经验，以便广大读者和企业经营者深入地了解华为的管理哲学和经营智慧。

成功经验之一：管理模式

华为之所以成为中国民营企业的标杆，不仅因为它在技术上从模仿到跟进又到领先，更因为它与国际接轨的管理模式。华为的管理，始终存在中西方管理理念的碰撞和结合。从流程和财务制度这些最容易标准化、不需质疑的"硬件"开始，华为从制度管理到运营管理逐步推动"软件"的国际化。

诞生于1995年的《华为之歌》道："学习美国的先进技术，吸取日本的优良管理，像德国人那样一丝不苟，踏踏实实，兢兢业业。"华为最终决定向美国企业学习管理。华为同IBM(国际商业机器公司)、Hay Group(合益集团)、PwC (普华永道国际会计事务所)和FhG (德国弗劳恩霍夫应用研究促进协会)等世界一流管理咨询公司合作，在集成产品开发(IPD)、集成供应链建设(ISC)、人力资源管理、财务管理和质量控制等方面进行深刻变革，引进业界最佳的实践方式，建立了基于IT的管理体系。任正非表示："在管理上，我不是一个激进主义者，而是一个改良主义者，主张不断地进步。""我们要的是变革而不是革命，我们的变革是退一步进两步。"

"先僵化，后优化，再固化"，这是任正非提出的一个著名的管理改革理论。

华为的管理优化进行得如火如荼的关键是其领袖任正非对管理的重视。在任正非心里，只要有利于实现"成为世界级领先企业"的梦想，一切改变和改革都是必要的。任正非强势地推动了这一切。"……这些管理的方法论是看似无生命实则有生命的东西。它的无生命体现在管理者会离开，会死亡，而管理体系会代代相传，它的有生命则在于随着我们一代一代奋斗者生命的终结,管理体系会一代一代越来越成熟,因为每一代管理者都在给我们的体系添砖加瓦。"

军人出身的任正非很喜欢读《毛泽东选集》。一有工夫,他就琢磨怎样使毛泽东的兵法转化成华为的战略。仔细研究华为的发展历程,我们不难发现其市场攻略、客户政策、竞争策略以及内部管理与运作方式,无不深深打上传统谋略智慧和"毛式"哲学思想的烙印。其内部讲话和宣传资料,频频出现战争术语,极富煽动性。

在敌强我弱、敌众我寡的形势下,任正非创造了华为著名的"压强原则"。"我们坚持'压强原则',在成功关键因素和选定的战略生长点上,以超过主要竞争对手的强度配置资源。我们要么不做,要做,就极大地集中人力、物力和财力,实现重点突破。"任正非信奉"将所有的鸡蛋都放在同一个篮子里"的原则,无论是在业务选择、研发投入还是在国际化的道路上,这种专业化战略的坚持,至今仍让诸多企业家折服。正是华为的远大目标和华为全体人员不断坚持,使得华为走到了今天。

任正非曾说:"面对不确定的未来,我们在管理上不是要超越,而是要补课,补上科学管理这一课。"组织管理、人力资源管理、市场管理、变革管理、资本管理、危机管理等,无一不彰显出华为独特的管理智慧。任正非希望华为能回到一些最本质的问题上来,重新思考管理对于企业的重要作用。企业管理的目标是流程化组织建设,探索建设科学的流程体系,以规则的确定应对结果的不确定。《华为之管理模式》一书编写的目的,是通过对华为的管理理念及其实践的研究,总结出一些建立有效的管理机制和制度的经验。

成功经验之二:人力资源管理

日本著名企业家稻盛和夫曾经说过:"企业员工的主动性和积极性才是企业发展的原动力。"当企业人力资源管理制度、企业文化立足于杰出的经营理念,必然得到员工发自内心的认同,并主动采取行动,积极推动企业的发展。而这种企业员工的主动性和积极性才是企业最宝贵的财富和发展的动力源泉,并且只有不断地激发员工的主动性和积极性,企业才能跨越时代,永远保持兴旺。任正非对此持有相同的观点:"华为唯一可以依存的是人,认真负责和管理有效的员工是华为最大的财富。员工在企业成长圈中处于重要的主动位置。"

任正非在华为人力资源管理中坚持"人力资本的增值一定要大于财务资本的增

值""对人的能力进行管理的能力才是企业的核心竞争力"。要拥有人才就要有适合人才发展的机制，华为之所以能成为中国顶尖企业，就是因为有一套独特的人力资源管理机制。

价值创造、价值评价和价值分配构成了现代人力资源管理体系的主体，企业人力资源管理体系应该围绕这三方面构成的"价值链"来构建。也就是说，全力创造价值、科学评价价值、合理分配价值以及三者的闭合循环，是现代企业人力资源管理体系建设的核心和重点。华为的人力资源管理机制其实是打造了一个价值创造、价值评价和价值分配的价值链条，并且使之形成了良性循环，让整个人力资源体系为企业发展贡献出无穷的智慧和能量。

华为每次在人力资源上的调整都会在业界引起轩然大波，其真实目的在于："不断地向员工的太平意识宣战。""人力资源改革，受益最大的是那些有奋斗精神、勇于承担责任、冲锋在前并做出贡献的员工；受鞭策的是那些安于现状、不思进取、躺在功劳簿上睡大觉的员工。"

华为不仅建立了在自由雇佣制基础上的人力资源管理体制，而且引入人才竞争和选择机制，在内部建立劳动力市场，促进内部人才的合理流动。在人才流动上，华为强调中、高级干部强制轮换，以培养和提高他们能担当重任的综合素质；支持基层员工自然流动，让他们爱一行干一行，在岗位上做实，成为某一方面的管理或技术专家。

《华为之人力资源管理》系统地讲述了华为人力资源管理的价值创造体系、价值评价体系、价值分配体系、激活组织等内容。该书的一个重要特点在于理论和实践的结合，特别是与我国人力资源管理实践的结合。该书关注人力资源管理方法在真实的组织环境和情境下的运用，对现状和管理导向的思考始终贯穿全书。该书中还提供了丰富的华为人力资源管理案例，是理论与实践相结合的佳作，具有很强的可读性。

成功经验之三：企业文化

"世界第一 CEO（首席执行官）"杰克·韦尔奇说过："如果你想让列车速度再快10公里，只需要加一加马力；而要使列车速度增加一倍，你就必须更换铁轨了。资产重组可以一时提高公司的生产力，但是如果没有文化上的改变，就无法维持高速的发展。"支撑企业高速发展的"铁轨",就是企业文化。

美国著名管理专家托马斯·彼得斯和小罗伯特·沃特曼研究了美国43家优秀公司的成功因素,发现成功的背后总有各自的管理风格,而决定这些管理风格的是各自的企业文化。

任正非在《致新员工书》中写道:"华为的企业文化是建立在国家优良传统文化基础上的企业文化,这个企业文化黏合全体员工团结合作,走群体奋斗的道路。有了这个平台,你的聪明才智方能很好地发挥,并有所成就。没有责任心,不善于合作,不能群体奋斗的人,等于丧失了在华为进步的机会。华为非常厌恶的是个人英雄主义,主张的是团队作战,胜则举杯相庆,败则拼死相救。"

企业文化是企业的软实力,是一支队伍战斗力的源泉。好的企业文化对外让四方各界对企业心向往之,倾心接纳;对内则是一种最好的凝聚力,会让团队发自内心地热爱事业,奋勇前行。一家没有文化的企业是走不长远的,企业文化不好同样走不长远。

华为之所以能成为中国民营企业的标杆,不仅因为它用30年时间成为中国最大的民营高科技企业,也不仅因为它在技术上从模仿到跟进又到领先,更因为华为独特的企业文化。它的企业文化核心是华为的愿景、使命和核心价值观,定义了华为的方向以及是非标准,即华为为什么存在,华为向何处去,什么是对的,什么是错的。对这些的认同是企业员工得以凝聚在一起面对各种艰难险阻的基础。

华为文化是中华文化与世界文化融合并以企业组织形态进入世界的典型代表。华为主动接轨、融合、拓展并创造新企业文化,是华为企业文化的典型特征。华为文化变革历程表明,力量型文化、创新型文化是华为初期企业发展的文化特征,而创新型、智慧型、包容型、力量型"四型"文化的构建,才是华为企业可持续发展的关键所在。

任正非曾说:"世界上一切资源都可能枯竭,只有一种资源可以生生不息,那就是文化。"任正非强调的文化,不仅仅是华为的企业文化,不仅仅是每天所需执行的流程和制度,更是文化本身,积极将文化渗入华为人的修养中去。

华为的企业文化载体中一个非常具有辨识度的东西是《华为公司基本法》,这个基本法的意义在于,将高层的思维真正转化为大家能够看得见、摸得着的东西,使彼此之间能够达成共识,这是一个权力智慧化的过程。任正非表示:"避免陷入经验主义,这是我们制定《华为公司基本法》的基本立场。""成为世界级领先企业"被写入《华为公司基本法》第一章第一条，它是华为的终极目标与理想。

难能可贵的是，华为在不同的阶段，不断地变革企业文化，然而在30年时间里，华为从小到大，始终坚持了两点：一点是核心价值观，即以客户为中心，以奋斗者为本，长期坚持艰苦奋斗；另外一点是自我批判——从初创时的几十个人发展到今天的企业规模，华为的自我批判工作从来没有间断过。

企业文化建设的最高境界是让文化理念融在思想里，沉淀在流程中，落实到岗位上，体现在行动中。要达到这一境界，离不开企业文化的有效传递。华为在这方面做出了卓有成效的探索。华为的企业文化传递通过制度建设得到很好的保障，华为的制度为企业文化提供有力的支撑，能够使之成为具有深远影响力和顽强生命力的文化，并对组织绩效产生很大的影响，使华为成长为一家赢得广泛赞誉的世界级企业。

《华为之企业文化》从实践出发，系统总结了华为企业文化的形成及其变革、企业文化制度的建立、企业文化落地和传播方法等。该书不仅适合需要了解企业文化的管理者，也适合对华为文化有兴趣的读者阅读。

成功经验之四：国际化战略

任正非判断国际化是华为渡过"冬天"的唯一出路。20世纪90年代中期，在与中国人民大学的教授一起规划《华为公司基本法》时，任正非就明确提出，要把华为做成一家国际化的公司。与此同时，华为的国际化行动就跌跌撞撞地开始了。

1998年，英国《经济学人》杂志载：华为这样的中国公司的崛起，将是外国跨国公司的灾难。这话也许并不是危言耸听。在思科与华为的知识产权纠纷案之后，思科董事会前主席兼首席执行官约翰·钱伯斯表示："华为是一家值得尊重的企业。"美国花旗银行高级顾问罗伯特·劳伦斯·库恩博士曾称，华为已经具备"世界级企业"的资质，它的崛起"震惊了原来的大佬们——北电、诺基亚、阿尔卡特-朗讯"。

在任正非的领导下，华为成功地完成了由"活下去"到"走出去"，再到"走上去"的惊险一跃，依靠独特的国际化战略，改变行业竞争格局，让竞争对手由"忽视"华为，到"平视"华为，再到"重视"华为。

在和跨国公司产生不可避免的对抗性竞争的时候，华为屡屡获胜，为中国赢得骄傲。然而，这份骄傲来得并不是那么容易。在最初的国际化过程中，华为是屡战屡败，屡败屡战。最终，华为采用了巧妙的"农村包围城市"的办法，取得了国际化的初步胜利。即使在今天，亚非拉等一些不发达的国家和地区，依然为华为创造着很大的利润。为何华为会选择"农村包围城市"的战略呢？从技术水平看，创业不久的华为还难以与国际一流企业在发达国家市场竞争；从政治关系看，南南合作成本低于南北合作；从企业战略看，华为产品和模式的直接推广有利于资本积累，符合华为"生存是底线"的思想。

中国企业与跨国公司的距离有多远？企业"走出去"的道路有多长？华为公司的实践说明：只要不等不靠，坚定地走出去，看似遥不可及的目标可能就在眼前。《华为之国际化战略》通过丰富翔实的案例，揭示了华为国际化的指导方针、实现路径和战略突破，重点阐述华为的价格战略、"开放但不结盟"等经验，这些经验可以给更多优秀的中国企业走向海外市场提供有益的借鉴。

成功经验之五：研发与创新

华为推崇创新。30多年来，在任正非的领导下，华为对技术创新孜孜以求。华为对创新也形成了自己的观点：不创新是华为最大的风险。

如今华为在国际上的地位，来源于其多年来在研发上的巨额投入。在别人觉得搞技术是赔钱买卖的时候，任正非却每年将华为收入的10%以上投入研发中。2017年，华为持续投入未来的研发费用达897亿元人民币，同比增长17.4%，而近10年投入的研发费用则超过3940亿元人民币。任正非认为，正是这样一种创新精神和对技术的追求，使得华为成就了一系列的第一。

从一家早期以低价格竞争取胜的企业，几年之间迅速转变成技术型企业，30年后成为世界通信行业的领头羊，华为所用时间之短，让人为之咋舌。

《华为之研发模式》一书剖析了华为成立30多年来保持活力的秘诀，那就是始终坚持创新。正所谓"创新无止境"，即使华为今天已经居世界通信行业的前列，任正非仍然感到"前途茫茫"，因为华为进入"无人区"之后需要考虑方向，需要进行更重大的创新以开辟新的市场。2016年5月，任正非在全国科技创新大会上说"感到前途茫茫，找不到方向"，这是对华为肩头所担负的使命以及对中国企业从事重大创新的一种深刻的忧思，或者说是一种迫切的呼唤。长期以来，中国企业跟随在西方领跑者之后已经成为一种习惯，在不断追赶中的巨大压力下成长起来；如今，华为已经成为行业的领跑者，必然要承担起更大的责任，必须要取得重大的理论突破，才能实现科技发展上的质的飞跃。

2017年年底，华为重新确立了公司的愿景和使命：把数字世界带给每个人，每个家庭，每个组织，构建万物互联的智能世界。这是华为的愿景，是华为对未来发展勾勒出的一幅愿景图。

《第五项修炼》一书指出，在人的自我超越中，会有两种张力发生作用，一种是创造性张力，一种是情绪张力。愿景是具象化的目标，它能让人产生创造性张力。人的愿景越大，所产生的创造性张力就越大。愿力无穷，潜力无限。面向未来，基于确定的愿景和使命，华为的战略是聚焦ICT（Information and Communications Technology，信息和通信技术）基础设施和智能终端，做智能社会的开拓者。这是一个美好的、宏大的愿景，代表着中国式创新典范企业的腾飞梦想。

让我们祝福华为，向华为致敬！

说明：本套书中所有数据统计截止时间为2018年6月30日。

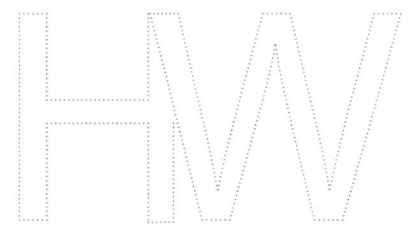

目录

第一章 创造价值体系

第一节 最低纲领是活下去 /004

第二节 以奋斗者为本 /009

第三节 "知本主义"与"工者有其股" /014

延伸阅读 大时代一定会产生大英雄 /037

第二章 价值评价体系

第一节 责任结果导向 /046

第二节 贡献导向 /048

第三节 商业价值导向 /051

第四节 任职资格与利益挂钩 /055

第五节 重视人才的实际能力 /058

第六节 辛苦的无效劳动 /062

延伸阅读 任正非：华为的薪酬制度要大改 /065

第三章　价值分配体系——重赏之下必有勇夫

第一节　导向冲锋，拉开差距 /073

第二节　定岗定薪 /079

第三节　员工福利 /085

第四节　防止高福利对企业的威胁 /090

延伸阅读　让作战的力量多用在产粮食上 /093

第四章　激活组织——华为活力引擎

第一节　革除元老级"障碍" /111

第二节　轮岗制 /124

第三节　非物质激励 /131

第四节　熵减：激活组织和组织的人 /136

第五节　内部创业 /142

延伸阅读1　任正非：华为员工分三类 /149

延伸阅读2　烧不死的鸟是凤凰 /153

第五章　选人原则——猛将必发于卒伍

第一节　招聘的七大原则与两个招聘途径 /162

第二节　赛马文化，竞争择优 /169

第三节　团结合作精神 /172

第四节　注重人的大节 /175

第五节　以全球化的视野选拔干部 /177

延伸阅读　任正非：为什么要自我批判 /181

第六章　用人标准——让听得见炮声的人做决策

第一节　"铁三角"作战单元 /189
第二节　在实践中获得提升 /192
第三节　少将连长：破格提名权 /196
第四节　五级双向晋升通道 /199
第五节　保持队伍的廉洁自律 /201
第六节　从"干部八条"到"十六条军规" /205
延伸阅读　华为董事会自律宣言 /211

第七章　培训体系——企业发展助推器

第一节　人力资源增值 /215
第二节　新员工培训 /218
第三节　华为大学"培养将军" /221
第四节　华为的"全员导师制" /227
延伸阅读　任正非：致新员工书 /233

第八章　启示录

第一节　员工是最大的财富 /241
第二节　提高员工战斗力 /243
第三节　用制度发挥员工的能动性 /246
第四节　人才本土化重在引导 /249
第五节　《华为公司人力资源管理纲要 2.0》/251

参考书目 /257
后记 /259

第一章

创造价值体系

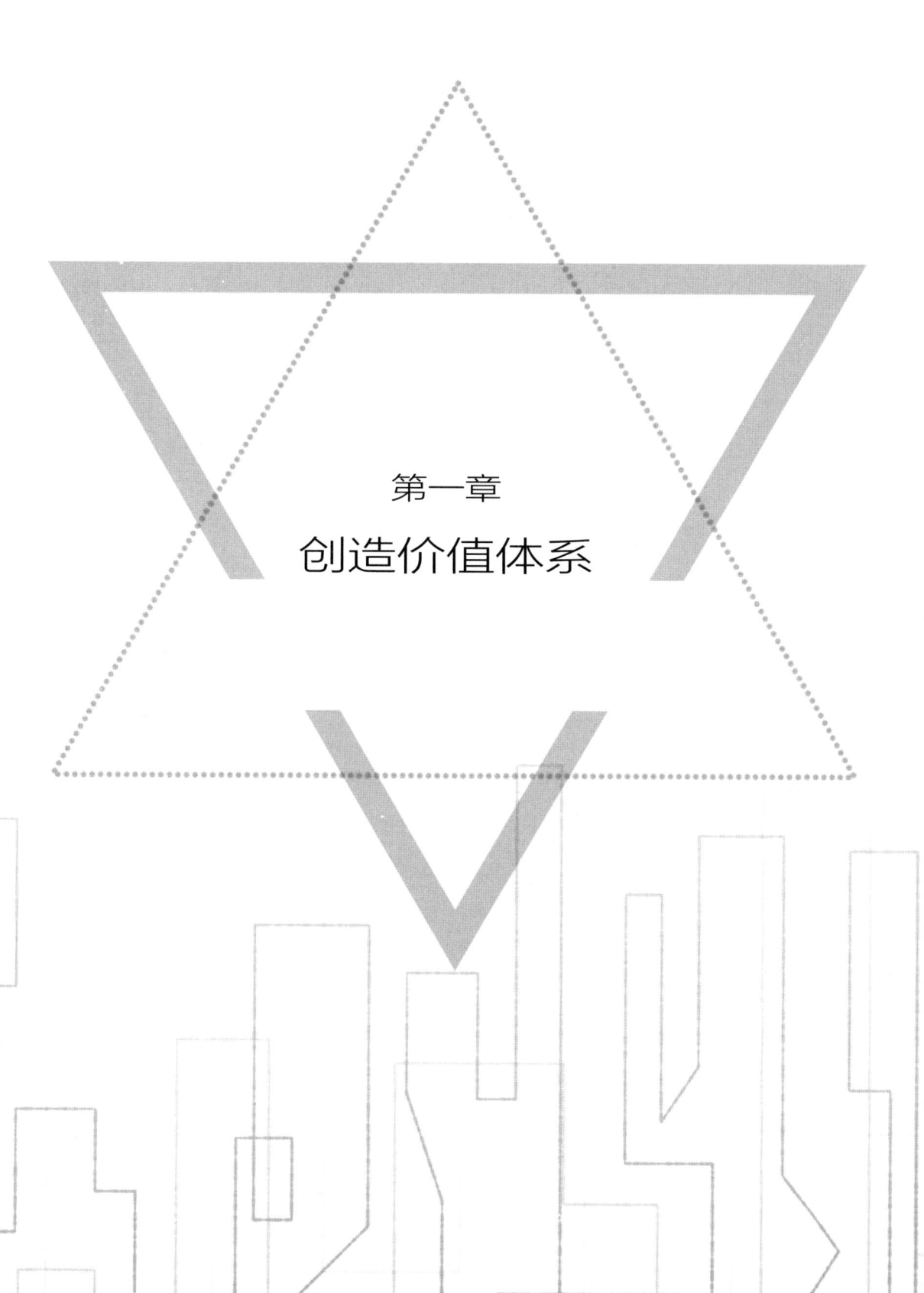

华为有18万员工,这18万员工和早年的华为创业者之间自然而然地形成了文化基因上的连接。他们虽然都是小人物,但正是他们的雄心张扬、坚定意志、卓越智慧,在过去30年,创造了一页全球通信行业惊天动地的大历史。

小人物为何能创造大历史?背后的价值逻辑是什么?华为公司管理顾问田涛教授一语中的:"华为始终秉持给知识劳动者大脑定价要优于给股东定价的价值逻辑。"他透露,华为在人力资源上的投入最舍得。过去30年来,华为员工年平均收入之和,包括工资、奖金和福利,是股东分红的3倍。[①]

华为18万员工中,包括来自165个国家、共4万多外籍员工。要把这些不同国籍、不同文化背景的知识分子团结在一起,就必须"以奋斗者为本",打造价值创造的管理循环。任正非说:"企业的活力除了来自目标的牵引、来自机会的牵引以外,在很大程度上是受利益的驱动。企业的经营机制,说到底是一种利益的驱动机制。价值分配机制必须合理,使那些真正为企业做出贡献的人才得到合理的回报,企业才具有持续的活力。"

---

① 《"枪林弹雨中成长"——揭秘华为的五种力量》,环球网,2018。

第一节　最低纲领是活下去

企业的最低纲领是什么？显然，就是活下去，长期活下去，能够活到最后的企业一定是最好的企业。这个简单的道理又被称为"企业的硬道理"。

企业长期要研究的问题就是如何活下去，积极寻找活下去的理由和活下去的价值。企业长期生存的理由首先是客户需要你，为此，企业必须不断地更好地满足客户的需求，为客户创造价值。任正非直截了当地指出：为客户服务是华为存在的唯一理由。

什么是价值呢？用经济学的术语来表述，价值表现为企业现实的获利能力和未来潜在能力的贴现。华为对企业价值的理解是，企业价值表现为企业能否长期有效地增长。关于企业价值的具体论述，来自任正非的一篇讲话："我们十几万人聚在一起，是为了把华为做成一个更有价值的公司。公司价值是公司各种要素和能力的综合反映。销售额的大小不能代表一切，当期财务报表也不能完全反映公司价值。在公司持续经营的条件下，这个价值应该是公司现实的获利能力和未来潜在获利机会的货币化表现。因此，华为对公司价值的追求，只能是持续有效增长。"[①]

任正非十分清醒地认识到，死亡是任何一个企业所必须面临的，谁也逃不掉，只不过有的死得早一点，有的死得晚一点而已。生存是异常残酷的，尤其是华为所处的高新科技的通信行业，其技术更

[①]《以奋斗者为本》，第6页，黄卫伟，中信出版社，2014年。

新速度之快、竞争之激烈是其他行业无法比拟的。面对跨国巨头的技术垄断，民营企业发展举步维艰。华为目前虽然没有生存之虞，但危机意识不可缺少。

处于竞争如此激烈的市场中，一个永恒的话题萦绕在任正非的心头：企业要一直活下去，不要死掉。只有生存才是最本质最重要的目标，才是永恒不变的自然法则。任正非在不同时间、不同场合反复强调"活下去"的重要性："我们首先得生存下去，生存下去的必要条件是是否拥有市场。没有市场就没有规模，没有规模就没有低成本。没有低成本、没有高质量，就难以参与竞争，必然衰落。"

"越困难时我们越有希望，也有光明的时候。因为我们自己内部的管理比较好，各种规章制度的建立也比较好。发生市场波动时，我们是最有可能存活下来的公司。只要我们最有可能存活下来，别人就最有可能从这上面消亡。"

1999年，任正非在IPD（Integrated Product Development 的简称，即集成产品开发，是一套产品开发的模式、理念与方法。）动员大会上的讲话中明确指出："华为公司的最低纲领是要活下去。"[①]

2000年，任正非又一次强调："对华为公司来讲，长期要研究的问题是如何活下去，积极寻找活下去的理由和活下去的价值。活下去的基础是不断提升核心竞争力，核心竞争力提升的必然结果是企业的发展壮大。"[②]

---

① 《任总在IPD动员大会上的讲话》，1999年。
② 《以奋斗者为本》，第6页，黄卫伟，中信出版社，2014年。

2007年9月，任正非再次警示华为人："活下去仍然是我们唯一的目标。有些人认为，华为已经那么大规模了，在很多领域都有了相当的实力，活下去不再是一个问题；还有些人认为，可以暂时歇口气，甚至认为不需要艰苦奋斗了。事实上，过去两年中通信业发生了企业之间的兼并，国内一些明星企业由于不适应'气候'的变化而苦苦挣扎或一夜之间轰然倒下……这些例子警示我们：活下去，仍然是华为唯一的追求，我们不能有片刻的放松。"

任正非将企业生存放在了公司目标的第一位，并将其传递到每一位华为人那里，成为全体华为人每天必须面对和思考的命题。任正非强调，对华为公司来讲，长期要研究的是如何活下去，寻找活下去的理由和活下去的价值。活下去的基础是不断提高核心竞争力，而提高企业竞争力的必然结果是利润的获得，以及企业的发展壮大。这是一个闭合循环。

"胜利的曙光是什么？胜利的曙光就是活下来，哪怕瘦一点，只要不得肝硬化，不得癌症，只要我们能活下来，我们就是胜利者。冬天的寒冷也是社会净化的过程，大家想要躲过这场社会的净化是不可能的！因为资源只有经过重新的配置，才可能解决市场过剩的冲突问题。"

任正非之所以将华为活下去看得如此重要，与其人生经历有着很大的关系。任正非祖籍浙江省浦江县黄宅镇，1944年出生于贵州安顺地区镇宁县一个贫困山区的小村庄，靠近黄果树瀑布。任正非的父亲任摩逊在北京上过大学，新中国成立之后在贵州省镇宁县的一所民族中学任校长。母亲陈远昭，是中学教师。知识分子的家庭背景是任正非一生第一个决定性因素，因为父母对知识的重视和追求，即使在三年困难时期，他们仍然坚持让孩子读书。1963年，任正非就读于重庆建筑工程学院（现已并入重庆大学），还差一年毕业的时候，"文化大革命"开始了，父亲被关进了牛棚。因挂念挨批斗的父亲，任正非扒火车回家看望他。父亲嘱咐他要不断学习。任正非回到重庆后把电子计算机、数字技术、自动控制等专业技术自学完，这些基础学科为他后来研发程控交换机奠定了基础。1968年，任正非从重庆建筑工程学院毕业后入伍，进入工程兵部队当上通信兵。在贵州安顺市有一个飞机制造基地，他被抽调过去参与一项军事通信系统工程的研究。他的技术和勤奋精神发挥了作用，有了多项技术发明，其中两项填补了国家空白。1978年，他被选为代表，到北京参加了全国科学大会，此后又出席了党的十二大。1983年，随着国家整建制撤销基建工程兵，任正非复员转业至深圳南海石油后勤服务基地。1987年，因工作不顺利，任正非投资21000元创立华为公司。创立初期，华为靠代理香港某公司的程控交换机获得了第一桶金。

回顾任正非的成长经历，他家中有7个兄弟姐妹，身为老大的任正非，从小就学会要与父母一同扛起责任。高中那年，一家人穷到得去山上挖野菜草根来充饥。偶尔有一块馒头，父母亲也会切成9等份，每个人只有一口，为的是让每个孩子都能活下去。"我们家当时是每餐实行严格分饭制，控制所有人欲望的配给制，保证人人都能活下来。不这样，总会有一两个弟妹活不到今天。"任正非回忆，即使每天要辛苦工作十几个小时养活一家人的父母，或是年幼的弟妹，从来也不会多吃一口。

他家当时是两三人合用一床被子，破旧被单下面铺的是稻草。他高中三年的理想只是吃一个白面馒头！可以想象，任正非青少年时代是在何种贫困、饥饿中度过的。贫穷和饥饿并没有打倒这个少年，生活的艰苦以及心灵承受的磨难反倒成就了少年任正非隐忍与坚定的性格。"知识就是力量。别人不学，你要学，不要随大流。""要活，大家一起活。"生活是最好的老师，这些简单朴实的话语成为任正非坚定的人生信念，促使他不断前行，挑战极限。他感慨道："我真正能理解活下去这句话的含义！"

挫折、困苦成就了任正非，对生存权利的无限渴望，为了生存曾经付出的艰辛努力，在任正非的性格基因上留下了深深的烙印："我没有远大的理想，思考的是这两三年要干什么，如何干，才能活下去。"

任正非反复强调"活下去，永远是硬道理"。华为追求的不是显赫一时的名声，而是长久的生存发展。"活下来是多么的不容易，我们对著名跨国公司的能量与水平还没有真正的认识。现在国家还有海关保护，一旦实现贸易自由化、投资自由化，中国还会剩下几个产业？为了能生存下来，我们的研究与实验人员没日没夜地拼命干，拼命地追赶世界潮流。我们的生产队伍努力进行国际接轨，不惜调换一些功臣，也绝不迟疑地坚持进步；机关服务队伍一听枪声，一见火光，就全力以赴支援前方，并不需要长官指令。为了点滴的进步，大家熬干了心血，为了积累一点生产的流动资金，至今98.5%的员工还住在农民房里。我们许多博士、硕士，甚至公司的高层领导还居无定所。一切是为了活下去，一切是为了国家与民族的振兴。世界留给我们的财富就是努力，不努力将一无所有。"

任正非曾对华为的员工说："我同你们在座的人一样，一旦华为破产，我们都一无所有。所有的增值都必须在持续生存中才能产生。"

第二节　以奋斗者为本

2008年，任正非在市场部年中大会上这样讲道："我们奋斗的目的主观上是为自己，客观上是为国家、为人民。但主、客观的统一确实是通过为客户服务来实现的。没有为客户服务，主、客观都是空的。当然奋斗者包含了投资者及工作者。

"什么叫奋斗？为客户创造价值的任何微小活动，以及在劳动的准备过程（例如上学、当学徒……）中，为充实提高自己而做的努力，均叫奋斗，否则，再苦再累也不叫奋斗。企业的目的十分明确，是使自己具有竞争力，能赢得客户的信任，在市场上能存活下来。要为客户服好务，就要选拔优秀的员工，而且这些优秀员工必须要奋斗。要使奋斗可以持续发展，必须使奋斗者得到合理的回报，并保持长期的健康。但是，无限制地拔高奋斗者的利益，就会使内部运作出现高成本，就会被客户抛弃，就会在竞争中落败，最后反而会使奋斗者无家可归。这种不能持续的爱，不是真爱。合理、适度、长久，将是我们人力资源政策的长期方针。"

华为要想活得更好、更久，就必须不断面对组织的动力不足问题，并不断地通过更大规模、更有效的动力激活机制，抵御和消减（完全消除是不可能的）"组织疲劳症"。

组织的病症源于人，源于人性。西方组织管理学认为，人天生是自私的、懒惰的、贪婪的。正因为个人与生俱来的自私、贪婪、惰怠，当这些携带着同样病毒的一群人构成一个组织的时候，也同样就构成了对组织从发生、发展到终结的全部生命过程的挑战。

最大的挑战是什么呢？疲劳。一个人保持阶段性的活力、激情是容易做到的，一个组织保持两年、三年、五年的活力也是相对容易的。但是，持久地保持激情与活力，大概是组织领袖们所随时面临的难题。

一个新员工刚进到公司，开始是积极、向上的，八点上班他七点半就到，晚上下班以后还照样在办公室加班，但当一个新士兵变成一个"兵痞"，他就缺乏活力与激情了。当一匹马从战马变成懒马、变成病马的时候，这个马群一定会出现类似于传染病一般的普遍惰怠与散漫，普遍地不想作为。

任正非在与员工座谈时这样说："你看人生出来最终要死，那何必要生呢？人不努力可以天天晒太阳，那何必要努力以后再去度假晒太阳呢？如果我们从终极目标来讲，觉得什么都是虚无的，可以不努力。但这样就会产生悲观情绪。我们生命有七八十年，这七八十年中努力和不努力，各方面都会不一样的。在产生美的结果的过程中，确实充满着痛苦。农夫要辛勤耕耘劳动，才会有收获；建筑工人不惧日晒雨淋，才会有城市的美好；炼钢工人在炉火旁熏烤，才会有一个国家的钢筋铁骨。没有他们的努力，就没有你驾驶的汽车；海军陆战队员不进行艰苦顽强的训练，会一登陆就命丧沙滩。少壮不努力，老大徒伤悲，我想各位考上大学都脱了一层皮吧……所有一切，没有付出，是绝不会有收获的。没有肥料以及精心照料，是不可能有鲜花的美丽。当然这些都是必要的痛苦，都是为换取美好人生的必要代价。"

华为海外员工有 4 万多人，每天在空中飞行的华为员工大概有数千人。可以说，华为的国际化之路一直伴随着汗水、泪水甚至是殉职。2008 年，在国际金融危机冲击下，沃达丰、爱立信等世界电信巨头业绩纷纷滑坡，而华为全球销售收入同比增长 42.7%。没有华为员工"忘我努力地工作"，以及众多员工在海外的艰辛奋斗，取得这样的业绩是不可想象的。

在非洲等地，员工需要面临更多方面的压力。据华为一位在非洲工作的员工讲述，在过去的两年时间里，他所在的办事处一共被洗劫了两次，外加一次洗劫未遂，而歹徒每次都是"一锅端"，除了内裤什么都没留下。在非洲拓展市场过程中，很多华为员工都有不少困难和危险经历：疟疾这种可以致命的疾病，对很多华为员工来说成了类似感冒的常见病；枪林弹雨的电影情节也真实地出现在了现实生活中；至今在华为刚果（金）代表处的办公室墙上，还残留着零乱的弹痕……

当然，这都只是华为海外员工的缩影而已。任正非在其题为《天道酬勤》的演讲中说道："中国是世界上最大的新兴市场，因此，世界巨头都云集中国。公司创立之初，就在自己家门口碰到了全球最激烈的竞争，我们不得不在市场的夹缝中求生存；当我们走出国门拓展国际市场时，放眼一望，所能看得到的良田沃土，早已被西方公司抢占一空。只有在那些偏远、动乱、自然环境恶劣的地区，他们动作稍慢，投入稍小，我们才有一线机会。为了抓住这最后的机会，无数优秀华为儿女离别故土，远离亲情，奔赴海外，无论是在疾病肆虐的非洲，还是在硝烟未散的伊拉克，或者海啸灾后的印尼，以及地震后的阿尔及利亚……到处都可以看到华为人奋斗的身影。我们有员工在高原缺氧地带工作，爬雪山，越丛林，徒步行走了8天，为服务客户无怨无悔；有员工在国外遭歹徒袭击头上缝了三十多针，康复后又投入工作；有员工在飞机事故中幸存，惊魂未定又救助他人，赢得当地政府和人民的尊敬；也有员工在恐怖爆炸中受伤，或几度患疟疾，康复后继续坚守岗位；我们还有三名年轻的非洲籍优秀员工在出差途中飞机失事不幸罹难，永远地离开了我们……十八年的历程，十年的国际化，伴随着汗水、泪水、艰辛、坎坷与牺牲，我们一步步艰难地走过来了，面对漫漫长征路，我们还要坚定地走下去。"

巴基斯坦代表处作为华为海外最大的代表处，员工超过千人，本地化程度高。代表处的华为员工们认为，工作的确是很艰苦，但也获得了更多的经历及体验。比如，在1494号站附近，据说那是巴基斯坦最热的地方。有一次，代表处员工的车开到水里去了，员工们就只好下去推车，没有想到水居然非常烫，像开水一样；在山顶上，能欣赏到在地面、峡谷刮起的龙卷风，由远及近，有时会同时看到四五个龙卷风，飞沙走石，场面非常壮观。这些都是工作给华为员工带来的奇妙经历。

面对艰苦的环境和高强度的工作压力，华为人没有被吓倒，而是以一种乐观、积极、自然的心态去面对，并从工作、学习、奋斗、追求、进步中去领悟自己的那份成就感与幸福感。

任正非在其早期题为《资源是会枯竭的，唯有文化才能生生不息》的演讲中谈道："上甘岭一定会出很多英雄……你们要加快自己成长的步伐，在艰苦的地方奋斗，除了留下故事，还要有进步……新时代比以前提供了更好的条件，每分钟都要学，一直都要努力奋斗，敢于去斗争，努力学习，一定会进步的。

"不要说我们一无所有，我们有几千名可爱的员工，用文化连接起来的血肉之情，它的源泉是无穷的。我们今天是利益共同体，明天是命运共同体。当我们建成内耗小、活力大的群体的时候，当我们跨过这个世纪，形成团结如一人的数万人群体的时候，我们抗御风雨的能力就增强了，可以在国际市场的大风暴中搏击。"

"华为没有任何可依赖的外部资源，唯有靠全体员工勤奋努力与持续艰苦奋斗。"2007年，在华为内部文件《关于近期公司人力资源变革的情况通告》中有着这样的记述："不断清除影响我们内部保持活力和创新机制的东西，才能在激烈的国际化竞争中存活下去。历史和现实都告诉我们，全球市场竞争实质上就是和平时期的战争，在激烈竞争中任何企业都不可能常胜，行业变迁也常常是翻云覆雨，多少世界级公司为了活下去不得不忍痛裁员，有些已消失在历史风雨中。前路茫茫充满变数，非常不确定，公司没法保证自己能长期生存下去，因此不可能承诺保证员工一辈子，也不可能容忍懒人，因为这样就是对奋斗者、贡献者的不公平，这样对奋斗者和贡献者就不是激励而是抑制。幸福不会从天而降，只能靠劳动来创造，唯有艰苦奋斗才可能让我们的未来有希望，除此之外，别无他途。从来就没有什么救世主，也不靠神仙皇帝，要创造幸福的生活，全靠我们自己。"

第三节 "知本主义"与"工者有其股"

"知本主义"（知本，即知识资本）是任正非在华为实践中总结出的宝贵经验，"知本主义"实现制度正是华为的一种创新探索。

企业的发展依赖市场机会、人才、技术、资金、产品等多种要素，那么其中最为重要的是哪个要素呢？任正非在《华为的红旗到底能打多久》中就明确指出："机会、人才、技术和产品是公司成长的主要牵引力。这四种力量之间存在着相互作用，机会牵引人才，人才牵引技术，技术牵引产品，产品牵引更多更大的机会。员工在企业成长圈中处于重要的主动位置。"

他曾说："华为唯一可以依存的是人。当然是指奋斗的、无私的、自律的、有技能的人。如何培养造就这样的人，是十分艰难的事情。"

知识经济时代，企业生存和发展的方式也发生了根本性变化，任正非对知识经济时代有着独到的见解：过去是资本雇佣劳动，资本在价值创造要素中占有支配地位。而知识经济时代是知识雇佣资本。知识产权、技术诀窍的价值和支配力超过了资本，资本只有依附于知识，才能保值和增值。

基于这一认识，任正非开始思考如何把知识转化为资本，这就是"知本主义"的来源。早在1997年前后，华为就在薪资水平上向西方公司看齐，不如此，就很难吸引和留住人才。为了同样的目的，创立初期，华为就在员工内部实行"工者有其股"。2001年之前，华为处在高速上升期，华为原薪酬结构中股票发挥了极其有效的激励作用，那段时间的华为有种"1+1+1"的说法，即员工的收入中，工资、奖金、股票分红的收入是相当的。员工凭什么能获得这些？凭借的是他的知识和能力，在华为，"知本"能够转化为"资本"。

可以说，知本主义实现制度是华为的创新。其表现在股权和股金的分配上，股权的分配不是按资本分配，而是按知本分配，即将知识回报的一部分转化为股权，然后通过知本股权获得收益。华为对人力资本的尊重还体现在《华为公司基本法》中。任正非在《华为公司基本法》起草过程中多次说道："高技术企业在初期使用知本的概念是很准确的；资本要考虑知本和风险资本两个方面，知本要转化为风险资本，风险资本要滚大，否则不能保证企业的长期运作；风险资本既包括企业风险资本，也包括外部风险资本；在价值分配中要考虑风险资本的作用，要寻找一条新的出路。劳动、知识、企业家的管理和风险的贡献累积起来以后的出路是什么？看来是转化为资本。我们不能把创造出来的价值都分光了，而是要积累成资本，再投入到企业的经营中去。"

"工者有其股"

任正非在企业内部推行"工者有其股"的激励机制，让员工和企业共同奋斗，共同受惠，形成一个有机的命运共同体。华为有两大股东，一是代替员工持股的深圳市华为投资控股有限公司工会委员会，持股比例为98.6%；另一个股东为自然人任正非，持股比例为1.4%。在华为的18万名员工中，已有8万多人加入了持股计划。

为何任正非在当时国家对民营经济政策尚不明朗的情况下敢于"冒天下之大不韪"，率先实行员工持股制？除了华为创业早期资金状况捉襟见肘之外，还有一个重要原因，就是任正非对人性的深刻洞察。他想实现自己的理想，就必须调动全体员工的积极性。那么如何调动大家的积极性呢？光谈理想和情怀是不够的，如果仅仅空谈理想，员工也会迫于生活压力纷纷出走，毕竟每个人都要养家糊口，都有现实的生活需要。任正非非常清醒地认识到，只有把员工的利益与企业的利益紧紧捆绑在一起，要活，大家一起活，这样大家才有出路。正如《道德经》所言："非以其无私邪？故能成其私。"利用众人的私心，来成就华为之"公"，便是任正非的"私"心所在。利用所有人的私心，来成就华为的成长；汇聚所有人的欲望，来成就华为的理想。这就是任正非对人性的深刻洞察和伟大超越。

一个领死薪水的员工，不可能主动去帮客户想出创新的解决方案。但华为的员工因为把自己当成老板，待得越久，领的股份与分红越多，所以大部分人不会为了追求一年两年的短期业绩目标而牺牲客户利益，而是会想尽办法服务好客户，让客户愿意长期与之合作，形成一种正向循环。

自"工者有其股"的计划于 1997 年引入以来，华为股票价格的上涨幅度已经超过了五倍，这与华为发展壮大的过程一致，最初的华为不过是一家在深圳两间小公寓里创立起来的小公司。正如华为董事会首席秘书江西生所说："当时任正非常常谈到未来有多美好，但我们都认为他想得太远。现在这些梦想都已经实现了，这段时期是华为的黄金时代。"

华为股权激励的五个阶段

华为的成功，许多人归诸中国政府的支持。实际上，最支持任正非的是 18 万华为员工。因为任正非用了中国企业中史无前例的奖酬分红制度，98.6% 的股份都归员工所有，任正非本人所持有的股份只占了 1.4%，造就了华为式管理的向心力。

如前所述，青少年时代的挫折、困苦成就了任正非，为了生存曾经付出的艰辛努力，在任正非的性格基因上留下了深深的烙印。"要活，大家一起活！"这意念深植任正非心中，成为他创业后坚持利益共享的基础。

全员持股是股权激励中风险较大的一种，但其收益也是显著的。当时，华为推动全员持股的行为可以说是"敢为天下先"。它直接成为华为崛起的支柱。时至今日，华为仍然奉行着全员持股这一举措。华为内部股权激励始于 1990 年，至今已进行了四次大的股权激励。

1998 年正式出台的《华为公司基本法》之于华为是一份纲领性和制度性的文件，是华为价值观的总结，代表着任正非本人的管理思想。多年来，其部分内容曾做过修订，但涉及员工持股的价值分配章节的内容却一字未动过。

在《华为公司基本法》第一章第四部分第十七条中，可以找到华为关于员工持股的纲领性的陈述：我们实行员工持股制度。一方面，普惠认同华为的模范员工，结成公司与员工的利益与命运共同体；另一方面，将不断地使最有责任心与才能的人进入公司的中坚层。

这个表述契合了合伙人制度中的几个关键概念：一是模范员工，二是利益与命运共同体，三是中坚层。

在分配的时候，企业家应该得多少呢？劳动的这些人又应该得多少呢？这与企业所处阶段有直接关系。

创业期股票激励

创业期的华为，一方面由于市场拓展和规模扩大需要大量资金，另一方面为了打压竞争者需要大量科研投入，加上当时民营企业的性质，出现了融资困难。因此，华为优先选择内部融资。内部融资不需要支付利息，存在较低的财务困境风险，不需要向外部股东支付较高的回报率，同时可以激发员工努力工作。

1990年，华为开始尝试员工持股制度。这一年，华为第一次提出内部融资、员工持股的概念。当时参股的价格为每股10元，以税后利润的15%作为股权分红，向技术、管理骨干配股。这种方式为企业赢得宝贵的发展资金。

1993年初，在深圳蛇口的一个小礼堂里，华为召开了1992年年终总结大会。当时全体员工270人，第一次目睹了任正非满脸沉重、嗓音沧桑的真情流露。会议开始后，只见任正非在台上说了一句"我们活下来了"，就泪流满面再也说不下去，双手不断抹着泪水……

这是一面镜子。从中可以窥见任正非创业初期经受的艰辛与屈辱，也可以看见后来采取共赢市场策略和全员持股时，他的内心有多么坚定。宁愿与所有人利益均沾，宁愿自己只占 1.4% 的股份，也要让合作伙伴、让员工和自己一起拼命把企业做大。

此时，华为已经具备了突出的成本优势，但它还需要市场规模。没有强大的资金实力，成本优势再明显，也难以做大市场，那么规模经济之下的成本优势就体现不出来，华为就等于没有优势。关键是资金，但 1992 年华为销售收入只有区区 1 亿元，这点资金远远不够做市场。何况，研发也是一个需要花大价钱招收大量技术人员和连续投入大量资金的漫长过程……此时华为资金极为紧张，面临生死大考。

资金在哪里？

20 世纪 90 年代初，国外竞争对手们纷纷通过技术转让、与邮电系统甚至与当地政府成立合资公司等方式进入中国市场。任正非想，既然外资可以这样，自己拥有核心技术，为什么不可以呢？华为很快学到了这一点，而且做得更加彻底——华为不只是与一个地方的邮电系统合资，而是与全国的邮电系统合资，广泛吸收股份。

更绝的是，华为并不吸收只给予资金支持而没有业务往来的单纯资金，而是将风险投资的目标集中在各地既有市场又拥有资金的客户群即邮电系统上。也就是，邮电系统出资与华为合作组建一个新公司,华为入股并主导经营。这便是1993年得到广东省支持,华为与全国21家省会城市邮电系统联合发起成立的合资公司——莫贝克公司,注册资金8881万元。华为承诺给邮电股东们的年分红达30%。

对邮电系统而言,这是用自己的资金在自己的地盘做市场,让自己获利,自然全力以赴。

通过这种方式,华为与邮电局客户之间形成了资金和市场的紧密联盟,就像硬币的两面,一面获得资金,另一面获得市场。资金解决了,市场打开了,华为大转折,迈过生死关。高利润为华为带来了全新的经营思路。此时,手握大量现金的任正非,开始制定更深层面的经营策略:把高额利润带来的企业优势全部做足,以此激发出员工的所有激情,以"滚雪球"的方式,实现加速度和更大规模的发展。

于是任正非做出了两项决定:

◆ 实行全员高薪,激发员工潜力。
◆ 实行全员持股,形成企业内部的"全员利益共同体"。

全员持股是在华为创办的初期,作为民营企业融资困难,为了吸引人才,任正非大量稀释了自己的股份,这就是华为的全员持股。

华为采取这种全员持股方式带来了以下两个好处:

◆ 减少公司现金流风险,且内部融资无须支付利息,降低了财务风险,也不需要向外部股东支付高额分红。

◆ 增强了员工的归属感。全员持股等于给员工描述了一幅在未来会有高额回报的愿景。同时,由于全员持股,员工有了一种主人翁的意识,责任感和归属感也随之而来。

在股权激励和主人翁意识的驱动下,华为人夜以继日地奋斗着,即使拿着微薄的薪水、住着简易的农民房,他们也始终保持高昂的战斗状态,期望着年底的奖金、分红以及股权。

全员持股是一种绝佳的绩效激励措施,它以利益均沾的形式让每个员工都心系公司命运,并为之努力提升个人和团队的绩效。

当时,华为员工自嘲道:"这些躺在纸面上的'数字'不知何时能兑现。"但他们清醒地意识到,如果不努力,这些数字永远不会"复活"。也就是在这个阶段,华为完成了"农村包围城市"的战略任务,1995年销售收入达到15亿元人民币;1998年将市场拓展到中国主要城市;2000年在瑞典首都斯德哥尔摩设立研发中心,研发技术上了一个新台阶,海外市场销售额达到1亿美元;2000年年底,华为的销售额已经突破了100亿元大关。

我们看到华为采取全员持股取得巨大成就的同时,还应注意到全员持股不是"万能药",它存在着巨大风险,即无法兑现。那么,华为全员持股为何能如此成功?其原因,我们后面会讲到。

按照华为的内部股票制度和经营情况,如果一名有发展潜力的员工在1997年进入华为,1998年时拿到1997年年终奖金4万元,会分得8万元股票;1999年,8万元股票分红60%,同时分得1998

年的奖金 8 万元,又会分得股票 18 万元。这时他在华为工作三年就拥有了 26 万元的华为股票,当然这些股票需要用现金来买,离职时按一定比例兑现。而且,公司分配给人才的内部股票,不买还不行,不买就意味着和公司不是一条心,会影响到下一步的升职、加薪。华为内部股票的分红比例,1992~1996 年都高达 100%,1997 年为 70%,之后递减到 2002 年的 20%,一年发一次红利,红利自动滚入本金。

任正非在其文章《天道酬勤》中这样写道:"公司创业之初,根本没有资金,是创业者们把自己的工资、奖金投入公司,每个人只能拿到很微薄的报酬,绝大部分干部、员工长年租住农民房。正是老一代华为人'先生产,后生活'的奉献,才使公司挺过了最困难的岁月,支撑了公司的生存、发展,才有了今天的华为。当年他们用自己的收入购买了公司的内部虚拟股,到今天获得了一些投资收益,这是对他们过去奉献的回报。我们要理解和认同,因为没有他们当时的冒险投入和艰苦奋斗,华为就不可能生存下来。我们感谢过去、现在与公司一同走过来的员工,他们以自己的泪水和汗水奠定了华为今天的基础。更重要的是,他们奠定与传承了公司优秀的奋斗和奉献文化,华为的文化将因此生生不息,代代相传。"

网络经济泡沫时期的股权激励

股权激励并非万能,当股权激励的力度不够大时,股权激励的效果也相当有限。华为公司刚开始所进行的股权激励是偏向于核心的中高层技术和管理人员,而随着公司规模的扩大,华为有意识地稀释大股东的股权,扩大员工的持股范围和持股比例,增加员工对公司的责任感。

2000 年网络经济泡沫时期，IT 业受到毁灭性影响，融资出现空前困难。2001 年底，由于受到网络经济泡沫的影响，华为迎来发展历史上的第一个冬天，此时华为开始实行名为"虚拟受限股"的期权改革。

在经济危机时期进行股权激励，留住企业核心人才的同时也要开拓市场。在经济危机时期，很多企业的人才流失并非是裁员，而是当员工预期企业未来的业绩不好时主动选择离职，以便有更多的机会寻找更好的工作。那么，对员工进行股权激励，一方面增强了员工的主人翁意识，另外一方面也有利于降低员工的流失率。同时，股权激励是建立在未来盈利水平上的一种激励模式，公司不仅要实施股权激励，也要积极开拓市场，增加市场份额，以保证公司未来广阔的发展空间和稳定的现金流。

在此之前，华为几乎年年向员工配股，股票又从何而来？

2001 年后，华为公司实行了相应的员工持股改革：新员工不再派发长期不变的 1 元 / 股的股票，而老员工的股票也逐渐转化为期股，即所谓的"虚拟受限股"（下称"虚拟股"）。虚拟股由华为工会负责发放，每年华为会根据员工的工作水平和对公司的贡献，决定其获得的股份数。员工按照公司当年净资产价格购买虚拟股。

拥有虚拟股票的华为员工可以据此享受一定的分红权和股价升值权，但是没有所有权，没有表决权，不能转让和出售，在离开企业时自动失效。

这就是说，假如华为向一名员工配"虚拟受限股"一万股，这或许并不表明华为需要增发一万股新股供认购。此外,"虚拟受限股"是否对应着华为相同数量的股份,这都是未知数。

虚拟股的发行维护了华为公司管理层对企业的控制能力,不至于导致一系列的管理问题。总体而言,这个阶段华为的股权激励政策有以下三个特点:

- ◆ 其一,新员工不再派发长期不变的1元/股的股票。
- ◆ 其二,老员工的股票也逐渐转化为期股。
- ◆ 其三,以后员工从期股中获得收益的大头不再是固定的分红,而是期股所对应的公司净资产的增值部分。

期权比股票的方式更为合理,华为规定根据公司的评价体系,员工获得一定额度的期权,期权的行使期限为4年,每年兑现额度为1/4。即假设某人在2001年获得100万股,当年股价为1元/股,其在2002年后每年可选择三种方式行使期权:兑现差价(假设2002年股价上升为2元/股,则可获利25万元);以1元/股的价格购买股票,留待以后兑现;放弃(即什么都不做)。从固定股票分红向"虚拟受限股"的改革是华为激励机制从"普惠"原则向"重点激励"的转变。

"非典"时期的自愿降薪运动

2003年,尚未挺过泡沫经济的华为又遭受"非典"的重创,出口市场受到影响,同时和思科之间存在的产权官司直接影响华为的全球市场。华为内部以运动的形式号召公司中层以上员工自愿提交

"降薪申请",同时进一步实施管理层收购,稳住员工队伍,共同渡过难关。

2003 年的这次配股与华为以前每年例行的配股方式有三个明显差别:

◆ 一是配股额度很大,接近员工已有股票的总和。

◆ 二是兑现方式不同,往年积累的配股即使不离开公司也可以选择每年按一定比例兑现,一般员工每年兑现的比例最大不超过个人总股本的 1/4,对于持股较多的核心员工每年可以兑现的比例则不超过 1/10。

◆ 三是股权向核心层倾斜,即骨干员工获得配股额度大大超过普通员工。

此次配股规定了一个 3 年的锁定期,3 年内不允许兑现。如果员工在 3 年之内离开公司的话则所配的股票无效。华为同时也为员工购买虚拟股权采取了一些配套的措施:员工本人只需要拿出所需资金的 15%,其余部分由公司出面,以向银行贷款的方式解决。自此改革之后,华为实现了销售业绩和净利润的突飞猛涨。

新一轮金融危机时期的激励措施

2008 年,由美国次贷危机引发的全球金融危机给世界经济发展造成重大损失。面对本次经济危机的冲击和经济形势的恶化,华为又推出新一轮的股权激励措施。华为从 2008 年开始调整配股方式,实行新的"饱和配股"制度。具体来讲,就是以级别和考核为依据,设定员工当年的虚拟股配股数量。同时根据级别，设定员工的虚拟股总量上限。这一规定也让手中持股数量巨大的华为老员工们配股受到了限制，给新员工们的持股留下了空间。

不同职位级别匹配不同的期股量。例如，职位级别为13级的员工，持股上限为2万股，14级为5万股；其中收益呈波浪线，是因购买/分配数量不同而造成的。此外，持股已达到其级别持股量上限的，不参与配股。大部分在华为总部的老员工由于持股已达到其级别持股量的上限，并没有参与这次配股。

华为的内部股在2006年时约有20亿股。按照上述规模预计，此次的配股规模在16亿~17亿股，因此是对华为内部员工持股结构的一次大规模改造。这次的配股方式与以往类似，如果员工没有足够的资金实力直接用现金向公司购买股票，华为以公司名义向银行提供担保，帮助员工购买公司股份。

此次配股一方面缓解了华为资金压力，另一方面提高了员工收益，同时使绩效（期股）与职位等级挂钩，进一步完善了绩效分配机制，促使员工更加努力工作。

员工拥有虚拟股实际数量，占可配股总量上限的比例，称为"饱和率"。这样一来，2008年之后出现的"饱和率"，成为华为员工，尤其是新员工的心理预期。

华为公司的股权激励历程说明，股权激励可以将员工的人力资本与企业的未来发展紧密联系起来，形成一个良性的循环体系。员工获得股权，参与公司分红，实现公司发展和员工个人财富的增值。同时，与股权激励同步的内部融资，可以增加公司的资本比例，缓解公司现金流紧张的局面。

华为员工的收入包括工资、奖金、分红等几部分，华为虚拟股一直被内部员工视为"唐僧肉"，仅2012年每股分红就达1.46元，总分红和奖金额度超过125亿元，给华为超过6万名持股员工创造了丰厚收益。

时间单位计划

从2013年至今，可以归纳为第五个阶段，这一阶段的主要特点是TUP（即"Time Unit Plan"，时间单位计划），从外籍员工开始向全公司推广。2013年初，华为宣布国际化战略发生转移，将欧洲市场列为重点，并提出"欧洲企业在中国市场符合华为的战略诉求"的口号。紧接着任正非与英国首相卡梅伦会面，并宣布在英国增加投资130亿美元。在向欧洲战略倾斜的同时，华为表示，计划在未来三到五年内使其在欧洲地区的员工数量由现在的7000人增至1.4万人。此外，还将在芬兰建立一座研究中心，专门负责新型智能手机的开发，投资7000万欧元。此时加大对陷入经济低迷与高失业率的欧洲市场的投入，是明智之举。与此同时，华为对于外籍员工适时抛出了股权激励机制。[①]

过去，员工持股计划仅覆盖中方员工，但从2013年开始，华为推出了名为"时间单位计划"的外籍员工持股计划。至2014年1月，华为外籍员工人数接近3万人。华为的外籍员工持股计划在2013年已经覆盖了全部的优秀外籍员工。

---

① 《华为还没有遇到天花板》，李晶，孟晚舟，《经济观察报》，2014年。

时间单位计划的实施框架是每年根据员工岗位、级别、绩效，分配一定数量的期权，这个期权5年为一个周期，5年后进行结算，期权不需要花钱购买，员工不会有现金购买股票的压力，但是对企业增值会很在意，因为5年结算时的收益主要来自企业价值增值。据悉，华为此举有多重用意，不仅是为了避免老员工躺在"功劳簿"上坐享其成，而且也有让实行多年的"虚拟受限股"逐步退出的意味。[1]

2018年2月5日，华为公司内部发布了《关于2017年度虚拟受限股每股分红预测值的通知》。通知显示，预计2017年度工会虚拟受限股每股收益约为人民币2.83元，虚拟受限股每股现金分红为人民币1.02元。并不是所有华为员工都能持股和分红，外界有说法称，分配股份的员工通常需要在15级以上，当年的业绩考核要达到A和B^+。应届本科毕业生和研究生入职华为通常为13级到14级，博士生通常为15级，应届生工作满1~3年后，符合业绩考核的才能配股，一般在5万至10万股。若按照此次的价格计算，税前总分红为14万~28万元。华为一位20级的老员工大概有100万股，按照2017年的分红价格，100万股能获得283万元的税前总分红。不过有媒体报道称，20级及以上的员工在华为也仅为极少数。[2]

以下为笔者根据网络信息收集到的华为虚拟股票历年分红的回报：

---

[1] 《华为创新》，第81页，周留征，机械工业出版社，2017年。
[2] 《华为公布2017年分红价格 20级老员工或分红近300万元》，新浪科技，2018年2月6日。

2010年每股分红2.98元，2011年每股分红1.46元，2012年每股分红1.41元，分红收益率26.01%；2013年对华为公司股票的定价为每股5.42元人民币，每股分红1.47元，增值0.24元，分红收益率27.10%；2014年，股价每股5.66元，每股分红1.90元，增值0.24元，分红收益率33.6%；2015年，股价每股5.90元，每股分红1.95元，增值0.91元，分红收益率33.1%；2016年，股价每股6.81元，每股分红1.53元，增值1.03元，分红收益率22.5%。[①] 从2012年到2016年这五年，每年华为公司股票分红收益率均超过20%，华为持股员工分享到了企业成长的巨大财富。

华为员工持股成功的原因

员工持股在20世纪90年代初期被认为是激励员工的有效手段，被相当多的中小民营企业采用，然而几年之后，真正实施了员工持股计划的企业少之又少。那么究竟是什么原因导致了如此巨大的差别呢？难道真的是"橘生淮南则为橘，生于淮北则为枳"吗？

在当时，可以说几乎所有的企业都对员工持股计划一知半解，都没有什么经验，都是按照自己的理解在设计，但华为成功了，它的成功也绝不是偶然的。

华为2017年年报显示，华为通过工会实行员工持股计划，员工持股计划参与人数为80,818人（截至2017年12月31日），参与人均为公司员工。员工持股计划将公司的长远发展和员工的个人贡献

---

① 《这些年华为分红分了多少钱》，蓝血研究，2018年2月13日。

和发展有机地结合在一起，形成了长远的共同奋斗、分享机制。任正非作为自然人股东持有公司股份，同时，任正非也参与了员工持股计划。截至2017年12月31日，任正非的总出资相当于公司总股本的1.4%。

我们看到华为采取全员持股取得巨大成就的同时，还应注意到全员持股不是万能药，它存在着巨大风险，即无法兑现。任正非没有在推行全员持股后就高枕无忧。任正非还做了下面五件事来为全员持股护航：

重视精神激励

任正非通过慷慨激昂的演说、亲力亲为的行动激励着每一个员工。全员持股属于长期绩效激励目标，员工的斗志、热情很容易在漫长的工作中消磨殆尽，如此一来，全员持股就失去了激励的作用。任正非在平日的工作中十分重视员工的精神激励，使得员工始终精神饱满地投入工作。

信守承诺

华为当初的现金压力是非常大的，而吸引人才所需支付的薪酬又很高，也正是在这样的背景下，华为推出员工持股计划。这一激励手段确实能够起到激励和留住员工的作用，但同时它也有着很大的不确定性。为打消员工的疑虑和担心，在每年的分红上，任正非从来没有"爽约"过，这也让员工对公司的未来充满信心。信守承诺，是实施全员持股的基础，基础不在，对员工而言，高额的回报只是"画饼"。

不仅如此，华为每年还会请四大会计师事务所之一的德勤会计师事务所对公司进行财务审计,包括任正非本人出差期间在酒店干洗衣服的费用,这本应由个人支付而不小心由公款报销的做法都会被审计纠正,这就解决了员工的信任问题。

而且,离职的员工只要按规定办完移交手续,立即退还购股款额。对于已经离职的员工尚且如此,更何况是在职员工呢!这样彻底打消了员工尚存的疑虑,从而将员工持股计划的激励功能发挥到极致。

华为初创期全员持股的激励措施,以满足员工物质需求和精神需求为导向,积极发挥员工的主观能动性,从而稳定和改善了公司的绩效。

在一篇1994年的描写华为的文章《寻求平衡,比翼齐飞》中曾有这样的叙述:"公司下一步发展离不开资金积累。在资金来源上,有两种可能性。第一种是开放资金市场,公司股权让公司以外的人来购买;第二种就是扩大生产,增加利润,自我积累。第一种方式来钱快,但这种钱不是好拿的,而且可能干扰我们的体制。我们是以劳动为本位,而不是以资本为本位的体制。采取对劳动成果高度肯定的态度,以工资、股票等形式对劳动者给予报酬。尽管目前这种体制还是靠公司领导个人品质来维持,体制本身也处于探索中,但这种体制一定要规范化,以制度的方式存在下去。所以,华为既不能把资金全部寄托在资金开放上,也不能仅局限于自身的利润积累,而应在二者之间寻求平衡点。"

如果你持有内部股票,你还可以很容易地套现,拿走一大笔现金。1997年底,开发部副经理张××得到了8万股(每股1元)配股。当年华为是在 10 月 1 日开始配股的，凡是 10 月 1 日以后进入华为的算是新员工，必须到第二年的 10 月 1 日才能分配内部股。而比他早去 1 个月，在 9 月进入华为的员工则参与了配股。他在华为工作了 4 年，就因为晚报到了几天，就比其他同事收入少了近 30 万元。虽然这是公司的规定，但仍让不少事先不清楚的员工倍感遗憾。该员工 2002 年 1 月辞职的时候，华为的配股已经变成期权了，当时他的配股是按照一股 2.6 元人民币套现的。张××当初从任职的国营单位辞职，办理调动手续的时候遇到了各种各样的刁难。他在原单位的工资是 800 元，先被扣了当年的奖金，又被索赔 1 万元。他找了很多领导求情，送礼又花费了几千元，才办好了辞职手续。而当他从华为辞职的时候，根本不用自己去跑，公司专门有一名工作人员给他办理完了所有的辞职手续。当他接过那一大笔沉甸甸的现金时才突然发觉这一次辞职是一个极大的错误。"华为真的很够意思。"这名员工说。另一位辞职的华为人说："华为对技术开发人员的确很够意思，像我 1995 年刚进公司的时候，他们就开出了 6500 元的月薪，后来慢慢涨到了 12000 元，加上其他的补助，拿到手上的金额还要高一些。"这位工程师在办好一切辞职手续后，意外地发现自己还拿到了一大笔年终分红，吃惊地说："我几乎都有点后悔离开华为了。"

持续的高分红高配股

为减少支付现金红利造成的财务压力，华为在每年高额分红的同时向员工高额配股，这样做可谓一举多得：一是坚定员工持有和购买股票的信心。试想，如果每年不能分红或分红很少，员工必然对公司的盈利前景失去信心，还有谁会购买公司股票呢？二是避免了因分红给公司带来的现金压力，公司的现金总量并没有减少。正是由于对公司的前景充满信心，员工都乐于购买公司配给的股票。

如今，华为在内部发行的虚拟受限股约 110 亿股，每股股票价格为 5 元左右。这相当于内部的一个股票交易所，多年来华为在内部募集的资金甚至数倍于一些同行在国内 A 股市场募集到的资金。如果持股员工想要退出，目前华为采取按照企业增值估算的模式，将原有股本和增值部分一起退给员工。这种进退自如的方式获得了员工的认可，同时也为企业发展募集了宝贵资金，而持股员工也在华为的飞速发展里获得了不菲的股权收益。

确保股权拥有未来可观的前景

股权激励不是空谈股权，能在未来实现发展和进行分红是股权激励成功实施的关键。在行业内，华为公司领先的行业地位和稳定的销售收入成为其内部股权激励实施的经济保证。根据 Informa（英富曼集团）的咨询报告，华为在移动设备市场领域排名全球第三。华为的产品和解决方案已经应用于全球 100 多个国家，服务全球运营商 50 强中的 45 家。2008 年，虽然很多通信行业业绩下滑，但华为销售收入实现大幅增长，合同销售额 233 亿美元，同比增长 46%，其中 75% 的销售额来自国际市场。

华为过去的现金分红和资产增值是促使员工毫不犹豫购买华为股权的因素之一。随着华为的快速扩张，华为内部股近几年来实现了大幅升值。2002 年，华为公布的当年虚拟受限股执行价为每股净资产 2.62 元，2003 年为 2.74 元，到 2006 年每股净资产达到 3.94

元，2008年该数字已经进一步提高为4.04元。员工的年收益率达到了25%～50%。如此高的股票分红也是员工愿意购买华为股权的重要原因。

华为2017年年报显示，华为业绩稳健增长，实现全球销售收入6,036亿元人民币，同比增长15.7%，净利润475亿元人民币，同比增长28.1%。2017年华为持续投入未来，研发费用达897亿元人民币，同比增长17.4%，近十年投入研发费用超过3,940亿元。从地域上看，2017年华为中国市场的收入在整个地区中占比超过了50.5%，这是因为受益于运营商4G网络建设、智能手机持续增长以及企业行业解决方案能力的增长，华为实现了同比29.0%的增长。

华为独特的企业文化

虽然绝大多数员工都选择用分得的红利购买配股，但仍有少部分员工选择领取现金红利，对于这部分员工，华为绝不拖欠。但到了第二年，这部分员工看到其他员工又能分得可观红利，他们一定会后悔当初的选择。结果还远非如此，华为的企业文化是奖励认同公司价值观的员工，对于那些对公司抱有怀疑态度的不坚定分子是不会重用的，他们在公司的发展前景会很暗淡，这样的文化氛围进一步支持了华为的员工持股计划。

华为早期的员工持股计划成就了今天的华为，它的成功不是偶然的，是任正非的诚信和无私，是华为的企业文化等众多因素综合作用的结果。

有些华为主管猎来外企的高管，比如无线的高手，可能其工资比他们自己的还高。这不是这些主管思想觉悟高，而是与华为分配制度有关系。华为实行全员持股，在工资收入外还有股权的收入，只有饼做大了，股权回报才能提高。公司如果维持原来规模，股权回报是一定的；而当公司业绩成倍增长，即使股权相对值变小，但是绝对值是增多的。

任正非表示："华为股票之所以值钱，是因为华为员工的奋斗。如果大家都不努力工作，华为股票就会是废纸。是你们在拯救公司，确保财务投资者的利益呢！作为财务投资者应该获得合理回报，但要让'诺曼底登陆'的人和挖'巴拿马运河'的人拿更多回报，让奋斗者和劳动者有更多利益，这才是合理的。"

由此可见，华为推行的"全员持股"是建立在奋斗基础之上的、科学化的人力资源激励政策。它采用利益捆绑的方式将人才紧紧拴在了公司的大船上，是华为能快速聚集人才、实现高速增长的最重要原因。这与国内许多公司"老板发财，基层员工清贫，人才不断流失"形成了鲜明对照，是企业人力资源管理的典范，值得大部分企业借鉴。

大时代一定会产生大英雄

我们公司就像赛跑冠军一样,终于跑到世界的边缘线上。大江大河、大海大浪,信息的洪流即将起来了,我们有乘风破浪的机会,要有勇气在这个世界搏击。但如果我们还是粗放管理的公司,看到机会,只能望洋兴叹;如果我们不能做到英雄辈出,不是千军万马上战场,不能听得进批评,如何做到行业领先?所以我们要把握住这次大时代转型的机会点发力!

一、在向高端市场进军的过程中,不要忽略低端市场。

我们在争夺高端市场的同时,千万不能把低端市场丢了。我们现在是"针尖"战略,聚焦全力往前攻。我很担心一点,"脑袋"钻进去了,"屁股"还露在外面。如果低端产品让别人占据了市场,有可能就培育了潜在的竞争对手,将来高端市场也会受到影响。华为就是从低端聚集了能量,才能进入高端的,别人怎么不能重复走我们的道路呢?

低端产品要做到标准化、简单化、生命周期内免维修。我们不走低价格、低质量的路,那样会摧毁我们战略进攻的力量。在技术和服务模式上，要做到别人无法与我们竞争，就是大规模流水化。客户想要加功能，就买高端产品去。

面对大流量时代，流量管理方式发生变化，未来网络的稳定对品牌影响很大，我们要建立起大质量体系架构。过去我们的质量体系关注的是产品、工程，将来质量体系要从文化、哲学等方面来看，所以我们要在中国、德国、日本联合建立大质量体系的能力中心。

二、聚焦主航道，以延续性创新为主，允许小部分力量有边界地去颠覆性创新。

互联网总是说颠覆性创新，我们要坚持为世界创造价值，为价值而创新。我们还是以关注未来五至十年的社会需求为主，多数人不要关注太远。我们大多数产品还是重视延续性创新，这条路坚决走；同时允许有一小部分新生力量去颠覆性创新，探索性地"胡说八道"，想怎么颠覆都可以，但是要有边界。这种颠覆性创新是开放的，延续性创新可以去不断吸收能量，直到将来颠覆性创新长成大树苗，也可以反向吸收延续性创新的能量。

公司要像长江水一样聚焦在主航道，发出巨大的电来。无论产品大小都要与主航道相关，新生幼苗也要聚焦在主航道上。不要偏离了主航道，否则公司就会分为两个管理平台。

大公司为什么运转很困难？以前我们一个项目决策要经过四百七十多人审批，速度太慢，内部要允许大家有一条小路快走。而且主航道四百七十多人审批也太多了，应该先砍掉绝大部分。

三、调整格局，优质资源向优质客户倾斜。

我们要调整格局，优质资源向优质客户倾斜，可以在少量国家、少量客户群中开始走这一步，这样我们就绑定一两家强的，共筑未来。

在这个英雄辈出的时代，一定要敢于领导世界，但是取得优势以后，不能处处与人为敌，要跟别人合作。有人问我："你们的商道是什么？"我说："我们没有商道，就是为客户服务。"这些年教训也很深刻，不是所有运营商都能活下来，有些运营商拖着我们的钱不还，与其这样，还不如拿来给大家涨点工资。

另外，我不主张产品线和区域结合得太紧密。结合太紧密的结果就是满足了低端客户的需求。因为区域所反映上来的不是未来需求，而是眼前的小需求，会牵制华为公司的战略方向。

四、人力资源要让"遍地英雄下夕烟"。

华为已经形成了能够凝聚十五万人的机制，但凝聚得太紧了，不够活跃，就需要耗散，形成新的活力。

第一，改革的目的是为了作战。瑞典的"瓦萨号"战舰这里装饰那里雕刻，为了好看还加盖一层，结果出海风一吹就沉没了。战舰的目的应该是作战。

我们之所以攻不进莫斯科大环，仅靠物质激励没有用，缺少战略眼光。所以我总号召大家去看看《诺曼底登陆》。华为现在不缺乏"黄继光"这样的英雄，但是缺少战略家和思想家，大家都不愿意"望星空"，都想有实权。而且以前我们考核体系太具体化，让产生大智慧的人在华为没有地位。为什么这些种子出去也不成功呢？因为缺少大平台，没有土壤,也种不出来庄稼。

第二,我们拉长人力资源金字塔顶端时,要看到内生的新生力量,引进外来的"蜂子",也要以内为主。不给内部人员一种希望,内部人努力就不够。华为公司做事总是喜欢循序渐进,我们在战略决策过程中要善于转变,未来世界不一定掌握在有资历的人手里,我们要承认年轻人可能有未来,不要总是认为小年轻不能当上将。

我们要发现这种善于学习的苗子,敢于给他们去"上甘岭"打仗的机会,不死就是将军,死了就是英雄。这样让大家恢复信心。

第三,人力资源金字塔基座要异化,改变齐步走。我认为时代给我们的时间最多两年,如果人力资源政策调整不过来,就会面临大量人才流失。

这两年人力资源在改革,进步很大。除了今年改革的部门外,没有改革到的部门还在齐步走。抓住时代变革的转折机会,要重新作出人力资源模型,改变齐步走。这次我要在干部大会上讲,一个人在最佳角色、最佳贡献、最佳贡献时间段,要给他最合理的报酬。不能像我这样,到七八十岁什么都多了。为什么我冲"上甘岭"时不多给我吃一碗面呀?!不同角色有不同时间段,不同专业有不同时间段,不同专业的不同角色也有不同时间段。为什么不让最大贡献的人在冲上"上甘岭"时得到激励,非要等他老了才给呢?不能给级别,给奖金也行。我们要看到新生事物的成长,看到优秀的存在。

第四,时势造英雄,大时代一定会产生大英雄。我们一定要让公司 50%～60%的人是优秀分子,然后在优秀的种子里再选更优秀的苗;中坚分子为 20%～30%。让优秀分子来挤压稍微后进的人,这样他们可能也会产生改变。对英雄也不要求全责备，要接受有缺点的美。我曾在汶川抗震救灾的文件上批示"只要过了汶川救灾线，尿了裤子的也是英雄"。一共 427 名，都发了金牌。有一点点成绩就是英雄，将来才有千军万马上战场。

薪酬制度就是要把落后的人挤出去，"减人、增产、涨工资"。今年调整了中基层的薪酬结构，明年开始对高级干部、高级专家的薪酬改革。大数据流量的现实问题将摆在时代面前，两年后，就要开始冲锋了，我们有一支嗷嗷叫的队伍，该我们夺取胜利！

（原文为 2014 年 11 月 14 日任正非在华为战略务虚会上的讲话，原标题为《坚持为世界创造价值，为价值而创新》，此标题为编者所加。来源：心声社区）

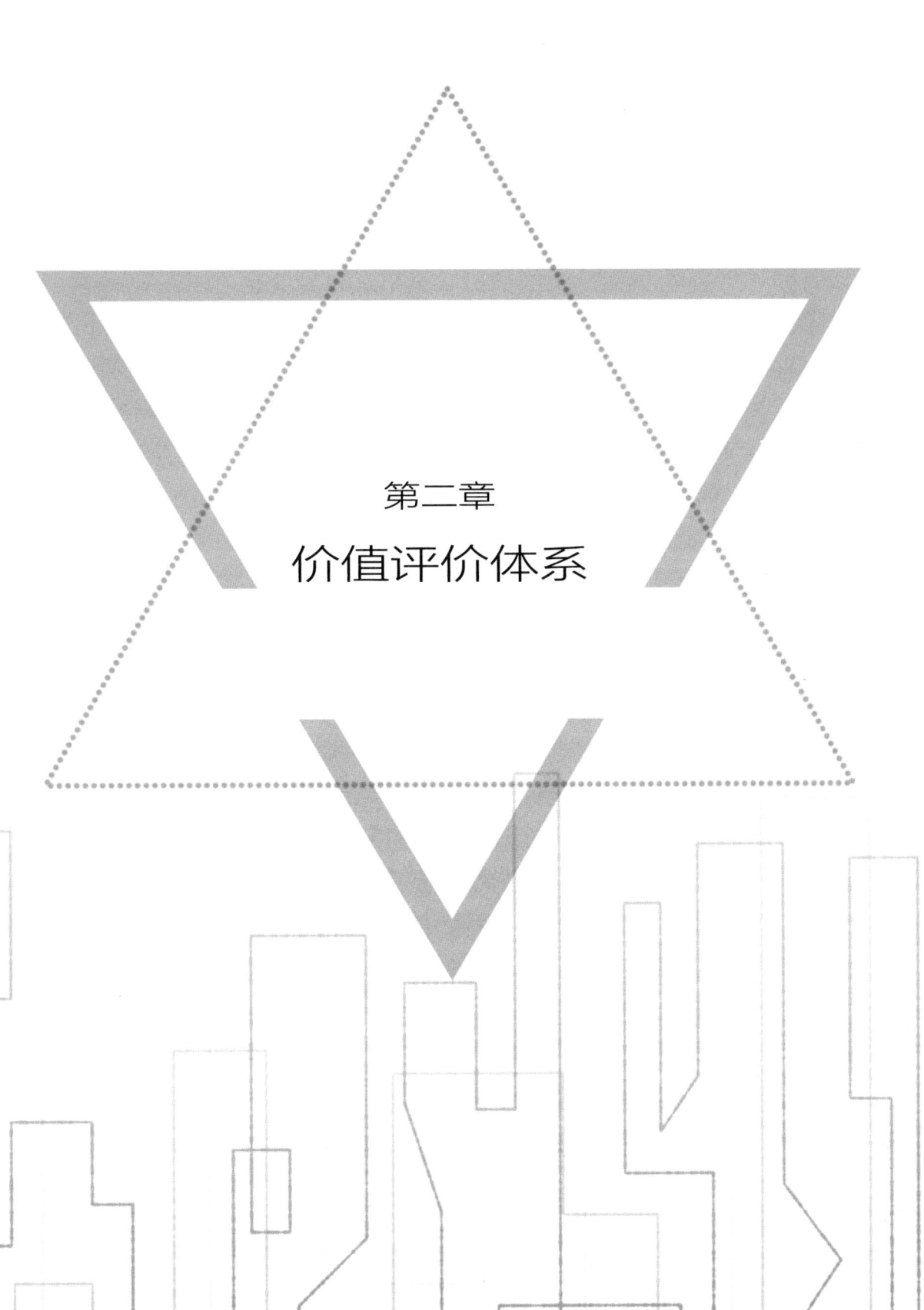

第二章

价值评价体系

价值创造的拥有者究竟创造了多少价值，需要企业管理者去衡量，即确定各价值创造要素的价值贡献度，从而为企业分配提供准确的依据。如果没有科学的价值评价体系，就缺少了分配的依据，必然走向两个极端：一个极端是采用平均主义，吃"大锅饭"现象严重；另一个极端是权力分配，企业权力拥有者根据个人意志和喜好进行专制性分配，导致收入分配暗箱操作，不能公开，形成灰色收入和贪腐的现象。缺乏科学的价值评价体系，正是中国大多数企业在人力资源管理方面存在的通病，它导致了企业在价值分配上的扭曲。

华为建立了一整套科学的价值评价体系，把价值创造与价值分配体系紧密结合起来。一方面，它将每一个部门、每一个员工的价值创造活动统一于公司的价值目标；另一方面，它为华为的价值分配提供了准确的依据，充分发挥员工的主观能动性，挖掘员工的潜力，持续提高工作效率，以创造更多的价值。

第一节 责任结果导向

在华为，工作要以成果为导向，并不只是要求研究部门要以商品化为导向，更是要求所有部门及员工都要以商品化的思维去组织工作。只有这样，才能够充分发挥整体合力的优势，实现最终产品（服务）的商品化目标。华为无论在市场拓展还是研发上，都强调责任结果导向，充分发挥各部门的合力优势，占领市场。

1996年，中国电信市场上接入网产品的机会点突然出现，邮电部允许原交换机局通过V52技术接口带入其他厂家的用户模块。但是一开始华为中研部的接入网产品发展得并不好，原因是接入网产品与交换机业务部的远端模块冲突，而当时交换机业务部又是华为中研部第一大部门。由于起初只是在一个部门发展，接入网产品的内部研发资源得不到保障，研发进度较慢。眼见老对手中兴的接入网产品在市场上的占有率大为提升，新对手UT斯达康也借接入网产品在中国市场上发展起来，华为公司市场部频频向公司总部告急。任正非把当时的中研部总裁李一男叫去狠狠地批评了一顿，给李一男醒了醒脑。

1996年年底，中研部专门成立了由多媒体业务部、交换机业务部、传输业务部、无线业务部共同参与的跨部门接入网新产品攻关项目组，以求资源共享，发挥产品和技术间的组合优势，增强核心竞争力。各个业务部均安排核心骨干人员参加项目组，在项目组的统一安排下进行集体技术会战和技术资料的统一制作。除骨干人员参加外，各业务部对接入网产品的相关内容也进行了会诊，并针对接入网的版本做了新的开发。跨部门项目组成立后，华为公司在三个月的时间内就一举突破了新产品的关键技术问题，而且在如何创新地组建接入网络，发展电信新业务（如 ETS 无线接入、会议电视等）方面，率先提出并实现了新的业务应用。华为各业务部的通力配合，使得无论在功能上还是在成本上都有具备差异化竞争力的接入网新产品出现。

起初华为中研部的接入网产品发展并不好，这是因为中研部独自开发，未能进行资源和信息共享，导致研发的产品无法与其他模块对接。后来，建立了跨部门的研发团队，将各方面需求进行会诊，确定接入网产品设计最佳方案，最终一举突破了关键技术问题。由此可见业务执行要以成果为导向的重要性，不考虑成果，只能无谓地浪费资源和机会。

在华为，为了更好地推动商品化导向的执行思维和行动力发展，所有的工作都要遵守和接受以结果为导向的评价和考核原则。[①]1998年，任正非在基层员工价值评价体系项目汇报会上说："我们要以提高客户满意度为目标，建立以责任结果为导向的价值评价体系，而不再以能力为导向。企业是功利性组织，我们必须拿出让客户满意的商品。因此，整个华为公司的价值评价体系，包括对中、高级干部的评价都要倒回来重新描述，一定要实行以责任结果为导向。"

华为对各级干部的考核更是坚持责任结果导向的考评制度，对达不到任职目标的，要实行降职、免职，以及辞退的处分。2003 年，

---

① 《华为执行力》，孙科柳，电子工业出版社，2014 年。

任正非在管理培训班上提出对干部实行问责制,他掷地有声地说:"我们要坚持责任结果导向的考核机制,各级干部要实行任期制、目标责任制,述职报告通不过的,有一部分干部要免职、降职。要实行各级负责干部问责制。香港特区政府是一个民主政府,已实行问责制了。我们公司对完不成任务的干部也要问责。"

2009年,在关于员工技能考试的讲话中,任正非重申华为的价值评价坚持责任结果导向的原则:"我们公司的价值取向是直接责任结果导向,而不是素质导向。我们强调猛将必发于卒伍,宰相必取于州郡。我们的任何素质是在贡献中发挥出作用,才能被认知的。在责任结果面前,人人公平。"

第二节 贡献导向

邓小平有一个著名的"不管黑猫白猫,捉到老鼠就是好猫"的理论,反映了他注重效果,崇尚求实务实,反对形式主义的思想。

同样的道理,在企业的薪酬待遇体系上,有贡献才能有回报,要强调贡献以及实现持续贡献的能力来评定薪酬、奖励。唯有贡献,才会有好的报酬。华为不断为员工提供着成为奋斗者的机会。

◆ 其一,奋斗者协议。华为会与13级以上的员工签订奋斗者协议,内容包括组织安排去一些艰苦的地方等。员工签署协议则会有5万元的奖金,还会享有加薪、优先配股等待遇。

◆ 其二，目标责任制。员工可以与公司签订项目目标责任书，只要在期限内保质、保量完成任务，就可以领取预定的奖金。

总之，华为有许多激励员工做出更多贡献的具体措施。

2009年，任正非在后备干部总队例会上这样说道："知识是劳动的准备过程，劳动的准备过程是员工自己的事情，是员工的投资行为。"这种投资行为要获得回报，要以在实践中的结果做检验。

任正非注重效果，他除了强调绩效与贡献外，同时他还要求关注在关键事件过程行为上的考核，也就是既注重效果，也参考关键事件的过程，让员工更好地处理种庄稼与打粮食的关系，更好地解决短期效益与长期效益的关系，更好地平衡眼前收益与未来发展的关系。

早在1996年，华为的会谈纪要中就有着这样的记载："作为一个公司，我们追求的不是先进性而是商业性，这与学校的学术研究是有区别的。你们认为很有学问的人，在我们公司可能待遇并不高；你们认为并不是很有学问的人，在我们公司可能待遇很好。因为我们的评价体系不一样。学校是以学术来作为评价体系的标准，我们是以商业性来作为评价体系的标准，两个不同评价体系不可能产生混合。"

任正非更是强调："我们要培养商人，不是培养教授，不要搞学术论文。我们的价值评价体系要调整，涨不涨工资要看你是否为公司创造利润，而不是看你的学术论文有多好。""公司对人的评价是现实的，不在你理想有多大，而在于你的实际贡献。"

华为给员工定报酬向来都是不看职位而看贡献的。任正非指出："进入华为并不意味着高待遇，因为公司是以贡献定报酬，凭责任定待遇的。对于新来的员工，因为没有记录，晋升较慢。"在任正非看来，一个人拿多少报酬要凭自己的真本事。实际上这体现了一种公平竞争的原则，不论资排辈、不投机取巧，只要做出贡献，人人都可以拿到高薪。正是这种激励观念及机制，激励着一代一代的华为人。

华为为了鼓励更多的奋斗者，创造更多的奋斗者，坚定不移地执行按贡献大小拿待遇。任正非指出："我们从来不强调按工龄拿待遇。调薪的时候经常有人说：'工资好几年没涨了，是否要涨一点工资？'我说这几年你的劳动质量是否进步了？你的贡献是否大了？如果没有，为什么要涨工资？我们有的岗位的职级要封顶。有些岗位的贡献没有变化，员工的报酬是不能随工龄增长而上升的。我们强调按贡献拿待遇，只要你的贡献没有增大，就不应该多拿。"

任正非认为，没有贡献的人是没有资格涨工资、分配股票的。公司多了"不打粮，光吃饭"的人，不仅成本负担会越来越大，更重要的是，这些人占用了宝贵的资源，直接降低了公司创造的价值。同时，这类人的出现潜在地"营造"了一个不公平的环境，使更多的人不愿意付出。

员工在华为公司改变命运的方法有哪些？2005年，任正非在关于华为大学与战略后备队的讲话中回答了这个问题："要明确员工在华为公司改变命运的方法只有两个：一是努力奋斗；二是提供卓越的贡献。贡献有潜在的、显现的；有短期的、长期的；有默默无闻的，甚至被人误解的。我认为，认知方面的能力等不能作为确定员工命运的要素，就是我们打比方说过的茶壶中的饺子，倒不出来，不产生贡献，就不能得到承认。要通过奋斗形成结果，才能作为要素。"

2012年，任正非在基层作业员工绩效考核试点汇报会上明确指出："基层员工的考核，劳动成果放在第一位，劳动技能放在第二位。"任正非的讲话反映出华为坚持价值分配遵照结果导向、贡献导向的原则。

第三节　商业价值导向

2016年10月28日，华为召开"出征·磨砺·赢未来"研发将士出征大会，两千多名华为研发人员奔赴市场一线，努力实现从技术专家向工程商人的转变。时任华为轮值CEO郭平在大会上发表讲话："大家一定要记住，我们就是商人，我们出征的目的就是经商，我们始终要坚持'以法律遵从的确定性应对国际政治经济的不确定性'……大家一定要沉下心来，在充分发挥对技术的深刻理解和洞察能力的同时，认真学习市场和销售业务，学习LTC流程（Lead to Cash，线索到回款，是华为从线索销售、交付到回款的主业务流程），学习合规遵从，深入理解客户需求，理解合同条款的构建，理解项目经营的精髓。只有这样，我们才能获取胜利，并在这个过程中成功地实现从技术专家向工程商人的转变。"

郭平强调，只有懂财经，才能真正地做好工程商人。"通过IFS（Integrated Financial Service，即"集成财务服务"）变革，用十年的艰苦努力，建立起了全球化的财经管理体系，在加速现金流入、准确确认收入、项目损益可见和经营风险可控等方面取得了根本性的进步。财务现在已经能够支撑公司每年一万亿美元的资金流量，支撑上万个项目的精细化经营。这些进步的背后蕴藏着巨大的管理财富，是财务与业务真正融合后产生的价值。各位技术专家在走向市场的时候，要认真理解IFS变革的理念，要学会用计划预算核算去管理机会，实现战略目标；要掌握项目概算的基本要求，提高合同质量，提升经营的效率和效益；要在抓机会的同时洞察可能存在的经营风险，做好扩张与控制的平衡，追求有效增长……总之，要成为一个合格的工程商人，就一定要懂财务，因为再大的机会、再大的合同最终都要能够转化成现金，这就是商业的本质。"

郭平号召研发人员从技术专家向"工程商人"转变，这恰恰反映出华为价值评价体系所强调的商业价值导向。

任正非曾在1997年对新员工讲话时说："我们的目标不是要培养科学家，是要培养商人。这就是我们的价值评价体系，是围绕种庄稼，打粮食，讲究做实。"任正非常说的"工程商人"本质上就是"抛弃纯粹的技术倾向，谋求产品的利润最大化"。

"工程师文化"和"工程商人文化"究竟有什么差异？怎么样才能做一个合格的工程商人呢？工程师文化关注的是纯技术导向，有着非常强烈的技术倾向。而工程商人文化需要工程师把产品研发看成"投资"行为，而投资就要考虑投入产出比。

要学习做工程商人，就要学着经营产品。这就要求工程师具有更多的商人思维，具体而言，应表现在以下几个层面：

◆ 工程商人需要"服务意识"。
◆ 工程商人需要研究市场需求。
◆ 工程商人需要学会整合资源。
◆ 工程商人需要把市场和技术有机融合。
◆ 工程商人需要审时度势,把握市场节奏。

据华为内刊《华为人》的文章记载:"我们从经济学的角度来看,也许会有些新的启示。发明是一项实践的科学,也是一项机会成本很高的投资,一个发明往往动辄需要进行上千次试验,还不一定能成功。成功的发明除了需要发明家的灵感与毅力之外,也要耗费大量的金钱,这也是很多伟大的发明不是出自大学或研究院而来自工业界的原因。

"爱迪生不是一个纯粹的科学家,他所进行的发明都有很明显的功利目的;但他又不是一个纯粹的商人,他赚钱的目的是为了支撑其发明事业。爱迪生以市场需要、实用性为导向的发明原则,为他带来了可观的收入,保证了其发明事业的可持续性,使他能以发明养发明,犹如活水而源源不断。

"1868年,爱迪生获得了第一项发明专利权——一台自动记录投票数的装置。爱迪生认为这台装置会加快国会的工作,它会受到欢迎。然而,一位国会议员告诉他,他们无意加快议程,有时候慢慢地投票是出于政治上的需要。从此以后,爱迪生决定再也不搞人们不需要的任何发明。"

华为是电信设备制造商,在华为无论是做系统架构的,还是做应用软件开发的，研发人员喜欢把自己叫"通信工程师"，华为的资深研发工程师对电信运营业务了解的深度与电信运营商相比相差无几。在产品设计时，他们关注的焦点不是技术的先进性，而是产品的可用性、客户的满意度。因此，在日常工作中，研发人员及市场销售人员与客户的交流是相当频繁的。

在华为的发展历程中，有一次惨痛教训是华为人永远忘不掉的。

1992年，郑宝用带领着十几个开发人员准备开发局用机。当时，他们只有开发模拟空分用户机的经验，对开发局用机则一无所知，于是决定开发模拟空分局用交换机，并命名为JK1000。1990年，中国的固定电话普及率只有1.1%，排名世界113位。1992年，华为预测，按照中国电信产业的总体目标，2000年固定电话普及率为5%～6%，因此，先进的数字程控交换机在中国不适用。

结果，事实并非如此。到2000年，中国固定电话普及率比预想的数据高出10倍之多，这注定了JK1000的命运。1993年年初，在华为投入了全部的开发力量和巨额的开发费用后，JK1000成功问世，并在5月份获得了国家邮电部的入网证书。在市场推广上，华为也志在必得。

然而，1993年年底，数字程控技术在国内得到普及，华为的JK1000空分局用交换机刚推出就面临了没有市场的危险局面。很快，市场便被数字程控交换机取代了。

这次惨痛的经历让任正非意识到，华为的研发执行团队必须从技术驱动转变成市场驱动，紧紧抓住产品的商业化，坚决不研发"卖不掉的世界顶尖水平"。任正非要求华为员工不能像早期的贝尔公司一样，只懂得研发新技术，不懂得将技术转化成商品。

第四节　任职资格与利益挂钩

华为任职资格管理体系主要解决职业化进程中的一些重要问题，特别是在工业经济转向知识经济的过程中传统的管理手段不能解决的员工管理问题，即不能由以事为中心转向以人为中心的管理模式，这是不符合知识经济的本质要求的。

华为成功实施了任职资格制度，共有五大族，51类，几百个子类，基本上所有的岗位都有自己的任职资格标准。设立任职资格体系的目的是，引导有水平的人做实，让做实的人提高水平，通过学习、磨炼，慢慢培养既有水平又能做实的人。标准会告诉你，在这个岗位上要想做出业绩来，关键的行为是什么、需要的素质是哪些、要掌握的知识技能是哪些。一个人要想在职业上获得提升，必须按照这个标准对照着来做。通常情况下，华为的任职资格一年认证一次，半年复核一次。这其实是华为人的自我管理——你按照你自己的标准去学习、去做，不需要主管或者公司的其他人来督促你，这是自我管理机制里面非常重要的一点。

举例来说，华为的软件工程师可以从一级开始做到九级，九级相当于副总裁的级别，享受同一级别待遇。新员工进来之后，如何向更高级别发展，怎么知道差距？华为有明确的制度，比如，一级标准是写万行代码，做过什么类型的产品等，有量化、明确的要求。员工可以根据这个标准自检。比如：员工的 C 语言能力差，便可以通过 E-Learning 平台去学，或在工作中有意识地学习和积累。通过一段时间的实践学习，达到了一级的水平。接下来，可以向二级的标准进发。这就是任职资格的管理。

而任职资格管理的作用就在于：镜子作用，照出自己的问题；尺子作用，量出与标准的差距；梯子作用，知道自己该往什么方向发展和努力；驾照作用，有新的岗位了，便可以应聘相应职位。这种透明的机制能不牵引员工主动向上学习吗？

有人可能知道，华为的绩效管理是很残酷的。A 和 B^+ 中间看起来只差一个档次，但奖金却可能是一辆车的差距。所以，在华为绝对没有"大锅饭"，绩效档次拉得很开。[①]

2012 年 8 月，任正非在 EMT（经营高管团队）办公例会上这样讲道："我以前觉得公司很有希望，当年成都工程安装的新员工没有便携机，背着一背包的各种工程标准的书到山沟沟里去读，这就是华为的希望。现在什么都不明白，就大规模地外包，什么数据都是工程方做的，根本就没有这个能力，凭什么拿这么多股票和工资？现在重新洗牌，要把南郭先生从这里面洗出来。我不否定老干部，但洗出来不管职务多高都得回炉，还得学会这些东西，取得任

---

① 《华为：如何让新员工融入"狼群"》，庄文静，《中外管理》，2014 年。

职资格。工程任职资格需要哪几条要定出来，标准开放给大家考试，就像考托福一样，笔试合格了再给口试机会，口试合格能回答各种问题，证明笔试不是抄来的，就过关，给任职资格。要构筑全套的工程交付能力，但人可以不是全面发展，可以有几条职业通道，达到标准可以去做工程经理、工程监理和技术专家，拼起来就是一个工程，要加快接班人继任计划的管理。

"我们现在很多管理实际上是在发扬 20 世纪 50 年代和 60 年代党的优良作风。那时毛主席提出科技人员要走与工农相结合、与生产实践相结合的道路，如今华为公司的'工人''农民'就是生产线上的博士、硕士。为什么那时的优良作风没有发扬到今天？就是因为没有形成一个正确的价值评价体系。"

任正非在文章《全心全意对产品负责，全心全意为客户服务》中这样写道："我们公司现在的任职资格评议系统就是一种价值评价体系。我们推行能力主义是不是有问题？是不是要将责任与服务作为价值评价依据？你有能力，但没有责任心，没有达到服务要求，我们就不能给予你肯定，给予你高待遇。我曾批评中研部，在价值评价上有问题，重技术，轻管理，只在技术上给予肯定，管理上不予肯定，你怎么能够肯定，对只更改一个螺丝钉、一根线条的员工就应给予高待遇？如果对有贡献的员工不给予高待遇，而对没有突出贡献的员工，你却给予他高待遇，这种价值评价的颠倒必将导致我们公司成本增加，效益下降。所以，我们要通过价值评价体系把优良的作风固化下来，使之像长江之水一样奔流不息，这将使我们走向光明的未来。"

竞争上岗的基本条件是任职资格，这就导致了任何一个岗位都会有3～4个达到任职资格的人等在这个地方，这就是任正非提出的"饿狼逼饱狼"，你在这个岗位上必须好好干，否则马上就有接替者。民营企业最大的问题就是一个萝卜一个坑，老板总觉得自己没有后续人才，其实是人才储备体系出了问题。有人提出："我业绩不行，那我经常去参加职业培训行不行？"这就是现在很多民营企业做的，这个人很闲就去培训，越忙越抽不出时间培训。华为不然，要想参加任职资格培训，有一个前提条件是，绩效考核一共15分，必须达到12分以上。这就避免有的人一味地参加培训，但是业绩做不出来。通过这些措施，华为把绩效、能力、岗位这几项打通了。现在很多企业考核任职资格、绩效、培训都各干各的，不配套，华为是责、权、利、能四位一体。

第五节　重视人才的实际能力

1997年之前，华为由于没有人事权，主要是去人才市场招聘员工，每次都要事先在报纸上打广告，然后派人去现场面试。当时，电信人才异常缺乏，人才市场根本无法满足华为的需要，往往是派去了五六个工作人员，面试了上百人，最终只有五六个符合要求。1998年之后，已经取得人事权的华为公司，每年都要启动大规模人才招聘计划，在北京、上海、西安等地主要媒体做广告，在著名高校召开专场招聘会。1998年，华为一次性从全国招聘了800多名毕业生，这是华为第一次大规模招聘毕业生；1999年，华为一次性招聘2000名大学毕业生；2000年，华为总共招聘了4000名毕业生；2001年，华为到全国著名高校招聘优秀学生，最后实际招聘了5000多人。

尽管华为对人才十分渴求，并在招聘的时候主要集中在著名高校，但华为对著名高校的学生还有个特殊要求，那就是"名牌学校前几名学生华为不要"。这个原则似乎伤了国内众多知名高校"尖子生"的自尊心，但任正非有自己的理由。他认为："名牌高校的前几名学生知识储备很好，能力自然也很强，但是这种学生对自身的期望也很高，甚至有着严重的自恋、自大情结。经常以自我为中心的学生，到华为后很难适应华为的艰苦生活，很难做到以客户为中心，很难按照华为的要求，从基层做起，从小事做起。这个规律在华为多年来的招聘经验中已经有所证实。但是，这并非绝对的，仅仅是华为招聘应届生的一个参考。"

因此，相比那些有学问的人，任正非更愿意选拔有潜力的人，培养他们成为华为的骨干力量。任正非的做法是明智的，他放弃了"有学问的傻瓜"，因而才培养出了一大批愿意从基层做起，从小事做起的华为人，他们在华为扮演着"泥瓦匠"的角色。

"我们要以贡献来评价薪酬。如果这人很有学问，脑袋里面装了很多饺子，倒不出来，倒不出来实际上等于没有饺子。企业不是按一个人拥有多少知识来确定收入的，而是以他拥有的知识的贡献度来确定的。"2000年，任正非曾这样对员工说过。

任正非认为：潜能只是一种可能性。一个人具有的潜能，如果在相当长的时间里持续存在，当它起作用时，它才是一种现实的能力；当它没起作用，或始终没有发挥作用，它只是一种可能。只有将它的潜能充分发挥出来，做出成绩与贡献，它才能转变成实现了的潜能——现实的能力。所以，潜能与现实的能力并不等同。任正非这样说道："潜能不能拿来当饭吃，只有拿去做出贡献才可能产生价值。认知能力不能作为要素确定员工的命运，好比茶壶中的饺子倒不出来，不产生贡献，就不能承认。要通过奋斗，形成结果，才能作为要素。"

任正非心目中的能力不是潜能，而是一种转化成现实的能力。他心目中的素质不只是表面上的学历、认知能力等，更强调品德与工作能力，强调贡献和结果。

2005 年，任正非在回应美国《时代》周刊将他评选为"全球最具影响力的 20 位企业家"之事时写道："我大学只读了 3 年，因为发生了'文化大革命'而结束了学业。到部队后，我只是个团级干部，参加工作后，也仅仅从事一般性的行业，也就是大家下军棋时说的'工兵'。1984 年从军队转业时，我仅是普普通通的技术副团职。"他这样写的目的，主要是澄清美国媒体炒作说他是解放军上将，说华为公司有国家、军队支持，要不企业怎么能办得那么好啊，等等。

当时有几位华为高层领导都认为任正非这样说自己太谦虚了，太贬低自己了。任正非并不这么看，他说："我说我大学只读了 3 年，但我没说我没水平，没有意志力，没有品德，没有胸怀，光看那点学历怎么行？"

华为曾有一位博士向任正非提出要在公司内部成立一个博士协

会，任正非知道后说："那是个'反动'（与华为的价值导向反其道而行之，即反动）组织，为什么？博士协会就是排斥其他人，难道后天进步了的人就不行吗？像邓小平与毛泽东这样的伟人都不是博士，难道博士协会要将他们都排斥在外吗？"

任正非不同意成立这样的组织。他说，除非成立一个开放的组织，大家一起来讨论问题，讨论华为价值观等，这样他才同意成立。

在任正非看来：学历不等于能力，学历也不等于素质，素质是一种综合能力的反映。

因此，在华为，学历、技能、潜能、工龄、素质等均不能作为薪酬的评价依据。薪酬评价的依据，是将学历等转化为绩效与贡献。华为以长期贡献与实际贡献定薪酬，以短期贡献定奖励。

华为 2013 年做了改革，把开发和技术分离，除了考核成功率，还考核失败率。做基础研究，把你失败了多少次作为一个考核目标，鼓励冒险和尝试，要养一部分人天天在那里"不着边际"地做原创性创新。这是华为的一个关键转型。

2014 年 8 月，任正非在华为内部讲话中这样说道："我们公司这几年严格控制考核体制，考核体制已经形成了一种范本。学历是重要的但不是唯一的，我们在所有干部考核表上唯一没有设的一栏就是学历，都是你在公司实践工作的评价。对于那些能力高的，素质还不是很好的，我们要求他多学习，要求提高自身素质，多提供一些培训机会给能力强的人，但老是不能提高素质的，我们就要他心态平和地去接受一般性的工作。"

对于有潜在能力的人，任正非主张多给这些人一些做出贡献的机会，只有利用这些机会做出贡献，才考虑对他们的晋升或奖励。有潜能而这种潜能还没有转化为现实贡献的话，不能提高其薪酬。

第六节　辛苦的无效劳动

华为的一位 IT 项目经理说过这样一段话："当我还没有成为一名主管时，经常加班到深夜，周末也不休息。每天过着'两点一线'的生活，认认真真地工作，这得到了主管的赞许。那时候，我认为'加班＝艰苦奋斗'。等到我升为主管以后，每天向项目组成员强调要加班，这样才能体现出他们的价值。但我的上级告诉我，评价一个人工作的成效并不是看他累不累，加不加班，而是看他在工作中交付的结果。"

加班不等于艰苦奋斗，同样，艰苦奋斗也不是加班就能涵盖的。这位华为的主管指出，工作评价要以结果为导向，其实就是一切评价要以商业化为导向。

1996 年，任正非讲过："很多人汇报工作时，老是说工作很辛苦。我不喜欢有人说自己怎么辛苦。要看你的工作成绩，没有业绩的工作没有意义。工作描述中不要动不动就说工作辛苦之类的东西。关键是业绩，要强调成效。公司要生存、要发展，必须要有业绩。"

华为强调，市场经济肯定以市场为中心，这个目标导向是不能变的。我们以市场为中心，是目标。比如洗煤炭，你把煤炭洗白了，确实劳动态度很好，任劳任怨，不怕脏、不怕苦、不怕累，可是洗煤炭不具有任何价值和意义。我们只有明确了目标，为市场服务，才算是服务目标明确。

华为有加班的文化，甚至一度以加班作为华为人的标志。2000年，任正非提醒道："大家必须提高管理效率，不要为加班而加班，不要搞形式主义。"

2009年，任正非讲道："华为公司一定要提高效率，并不是埋头苦干就行。我们不主张加班加点，不该做的事情坚决不要做，这方面的节约才是最大的节约。算一算研发出来的功能，利用率不到22%，而通信行业电话功能的利用率更是不到1‰。这个世界用来用去还是摘挂机，但我们公司过去就做不好。研发越高级的技术，大家就越兴奋越去研究，职务和工资也越高，简单的技术反而不愿意去研究。如果我们减少20%的无效工作，那么既节约了成本，也不用加班加点。"

华为的工资分配实行基于能力之上的职能工资制；奖金的分配与部门和个人的绩效改进挂钩；安全退休金等福利的分配依据工作态度的考评结果；医疗保险按贡献大小，对高级管理和资深专业人员与一般员工实行差别待遇。高级管理和资深专业人员除享受医疗保险外，还享受诸多健康保障待遇。华为坚决推行在基层执行操作岗位，实行定岗、定员、定责、定酬的以责任与服务作为评价依据的待遇系统，以绩效目标改进作为晋升的依据，而非以苦劳为依据。

任正非：华为的薪酬制度要大改

——2014年任正非在华为人力资源工作汇报会上的讲话

一、关于人力资源战略：坚持聚焦管道的针尖战略，有效增长，和平崛起。

成为ICT(Information 信息、Communication 通信、Technology 技术，简称 ICT)领导者。业务与人力资源政策都应支撑这一战略目标的实施。

我有一个想法，针尖战略的发展其实就是和平崛起。我们逐渐突进无人区，踩不到各方利益集团的脚，就会和平崛起。坚持这个战略不变化，有可能在这个时代做到行业领先，实际就是超越美国。因此战略目标中，将"超越美国"这句话改为"有效增长，和平崛起，成为ICT领导者"。将来业务政策、人力资源政策等各种政策都应支撑和平崛起这种方式。

二、关于组织：在主航道组织中实现"班长战争"，一线呼唤炮火，机关转变职能；非主航道组织去矩阵化或弱矩阵化管理，简化组织管理。虚拟考核评价战略贡献，抢占战略高地。

1. 简化组织管理，让组织更轻、更灵活是我们未来组织改革的奋斗目标。

你们要去研究一下美国军队变革，乔良写的一本书叫《超限战》，军队的作战单位已经开始从"师"变成"旅"，作战的能力却增强很多。而且美国还在变革，未来的方向是，作战单位有可能从"旅"直管"营"，去除"团"一级，还要缩小成"排""班"……班长可能真就是"少将"或"少校"，因为一个班的火力配置很强（巡航导弹、飞机、航母……），就没有必要大部队作战。"班长的战争"这个理念应该这么来看，大规模人员作战很笨重，缩小作战单位，更加灵活，综合作战能力提升了，机关要更综合，决策人不能更多。让组织更轻、更灵活是适应未来社会发展的，也是我们未来组织改革的奋斗目标。

将来华为的作战方式也应该是综合性的，我们讲"班长的战争"，强调授权以后，精化前方作战组织，缩小后方机构，加强战略机动部队的建设。划小作战单位，不是指分工很细，而是通过配备先进武器和提供重型火力支持，使小团队的作战实力大大增强。当然，授权不是一两天能完成的。目前，管理上的问题没有落地，所以3~5年内把ICT、账实相符、"五个一"作为重点，一定要实现端到端贯通。5年以后，坚定不移地逐步实现让前方来呼唤炮火，多余的机构要关掉，这样机关逐渐不会那么官僚化。

当年我们从小公司走向大公司时，不知道怎么管理，分工过细。现在我们使用的工具先进了，很多流程打通了，功能组织也要综合化，不仅减少层级，也要缩小规模，几个组织合并成一个组织。如商务合同评审的专业组织，应该涵盖运营商 BG、企业网 BG，没有必要成立两个平台。

矩阵化管理主要用于主航道上的作战队伍，是需要一个大规模的平衡，耗费一点人力资源，称称这个、平衡那个。非主航道就不需要这么复杂的平衡。慧通去矩阵化，第一必须对华为服务，不能到社会上招揽生意，这是对它的制约；第二必须自己养活自己。

内服弱矩阵化，就是流程责任制，只有几个管理的核心干部还是矩阵化的。组织的优化不要等同时发令上，哪个模块成熟了就可以先走。若总是追求完美的"齐步走"，等候时间就太长了。

我们要有个假设，将来如果我们担负起 700 亿美元销售收入，不意味着华为总人数会大幅度增长。我们每年要招聘一些尖子进来，置换不合适的人员，因此总人数增长是有限的，但作战结果会有极大提高。811 规划中，不能大幅度增加人力资源编制，不要总向研发与市场倾斜。但是可以增加薪酬包。

2. 组织绩效：根据当期产粮多少来确定基本评价(KPI)，根据对土壤未来肥沃的改造来确定战略贡献，两者要兼顾，没有当期贡献就没有薪酬包，没有战略贡献就不能提拔。

比如，根据销售收入和优质交付所产生的共同贡献拿薪酬包；若没有做出战略贡献，不能被提拔。我们现在的 KPI 也包含了很多战略性贡献，战略贡献要搞 KPI，我也同意，但要单列，战略 KPI 和销售收入 KPI 不能一致。将来公司所有指标都要关注到抢粮食，关注到战略指标。

我们原来的虚拟考核方法很好，可以沿用。举例来说：我们有 68 个战略制高地、200 多个战略机会点，抢占战略高地要靠能力提升、靠策划、靠方法，不完全靠激励。当然，激励也是应该的。虽然占了战略高地，但若利润是负值，乘以任何系数都没用，因此还是至少要实现薄利，不要简单地说"未来如何赚钱"，即使未来赚钱，也是破坏了今天的战略平衡。设定的战略目标，有销售收入浮动的比例。

战略机会点攻进去了，不允许降价作恶性竞争，但是允许多花钱，比如可以派两个少将去。BG重心是销售收入，既想卖东西，又想抢占战略高地，是虚拟考核；区域考核的是盈利和战略，即使薄利，也是盈利。当BG和区域的诉求完全不一致时，由区域说了算。

三、关于人才：改良金字塔管理，用人才管理奠定胜利的基础。

1. 保持金字塔的基本架构，拉开金字塔的顶端，形成蜂窝状，让引领发展的"蜂子"飞进来；异化金字塔的内部结构，业务、技术和管理关键岗位，优秀骨干与一般骨干，可以拉开差距。向外差异化对标，引入、用好更优秀的人才。

决定华为公司成败关键的重要时期，估计就在未来 3~5 年。在大数据超宽带时代，如果我们能够在制高点抢占到一定份额，其实就奠定了我们的胜利基础。人力资源政策要支持和平崛起，就要改良人才金字塔结构。

第一，拉伸金字塔顶端，形成蜂窝状。想要一群外面的"蜂子"

飞进来，就要有"蜂子"能够飞进来的空间。现在遇到一个问题，世界上有很多优秀人才进不来，不仅是工资问题，还有组织架构问题。科学家进来，因为较少涉及人际关系处理，所以能留下来。但对于新招入的管理者，他领导的千军万马都是"上甘岭"来的兄弟连，谁服他？所以这批人员先放到重装旅去参加循环打仗，打仗过程中，也会形成"兄弟血缘"关系，再任命时他已经适应华为文化。

第二，金字塔内部结构要异化。我们人力资源有很多模块，以前薪酬待遇都是达标电子工程师，太标准化。现在金字塔架构体系不发生变化，但里面的各个模块要异化，各自去和市场对标。华为机器的核心制造和新产品制造去市场上对标，技师只要做到高质量，可以高工资。制造要尽快开始激活，把全世界最优秀的技师都挖到我们这里来，还怕做不出全世界最优秀的产品？也欢迎走掉的技师回来共创未来。

2.适应业务与管理变化，针对性地管理各类人才，激活各级队伍。

要将高层干部"洞察客户、洞察市场、洞察技术、洞察国际商业生态环境"的发展要求改为"洞察市场、洞察技术、洞察客户、洞察国际商业生态环境"。

我们要从客户需求导向转变为社会结构导向了，整个行业转变，客户也有可能会落后于我们对社会的认识，要超越客户前进。

将来要限制干部"之"字形成长的范围，不要强调一定要大流动，有些岗位群不需要具有"之"字形成长经验。基层员工还是需要踏踏实实地干一行、爱一行、专一行，贡献多，就多拿钱。这次我在新疆看到，最安心工作的是新疆本地员工，他们在公司工作多年，千方百计从北京、广州调回去。因为家在新疆，家里人知道情况其实没有那么差，这次我还跟他们去逛街、吃大排档。而外地来的员工感受不一样，虽然在前线的人没有觉得那么可怕，但内地的家里人总是很担心，天天电话施加压力。艰苦地区可以强调本地化原则，如果实现不了那么多本地化，可以招聘当地的大学毕业生，送到拉丁美洲等地区去培训，然后再返回去。

高级干部被末位淘汰不等于是坏事，可以去重装旅，再重造辉煌。若没有威慑感，大家都会去搞内部平衡。

四、充分利用类似微信的平台，加强技能经验共享，提高作战队伍能力。

我支持公司内部开放。不要怕资料被人偷走，我们的队伍比别人厉害，他搞到一两支枪有什么用？而且即使保密，也不一定都能防范，反而导致自己的作战队伍能力不行。可以建立公司内部类似微信的平台，有授权的人员才能使用，不对外开放。如在战略预备队这个圈里，所有内容全开放，大家可以下载资料、交朋友……用户按不同战场分类，通过内部圈联络起来，其实也是一个信息安全圈。他自己建立了一个作战圈，可以横跨拉丁美洲、欧洲……因为下载的是同一种表格，他不知道如何使用，在朋友圈里发个求助，对他作战能力提升有帮助。

人力资源工作的阶段性汇报和结构性思想，后续可以定期讨论，下次也要把财务叫过来。财务要告诉我们，利润率到底预测准确没有。只有坚持账实相符，只有实事求是反映情况，公司才能制定出正确的应对措施。你们要找出一个方法，把公司的内部变化、社会的变化、前进的变化结合起来，跑到最前面的人就要给他"二两大烟土"。

第三章
价值分配体系
——重赏之下必有勇夫

华为在开创初期，建立了以劳动为本位的产权结构，团结一切员工，形成了一个利益共同体。在企业走向规模经营的时候，十分注重解决按劳分配与按资分配的关系，形成新老员工共同奋斗的新景象。这既使老员工不会松懈斗志，又使新员工心态平衡，使人才源源不断地涌入。

华为的价值分配理念强调"以奋斗者为本"，导向队伍的奋斗和冲锋。华为的分配理念还承诺"绝不让雷锋吃亏"，奉献者定得到合理的回报。华为数万名员工持股，增强企业的自洁能力，再加上以薪养廉，企业有了一套十分活泼、自我约束能力很强的运行控制机制。对于非资源型高科技企业，合理的价值分配体系对企业稳定、聚集人才、避免信息资产流失，具有重大的意义。

第一节　导向冲锋，拉开差距

任正非说，华为就是"高效率、高工资、高压力"的"三高"企业，"高工资是第一推动力"。华为每年都会根据公司业绩普调员工薪水，调整幅度一般在 10%。

任正非说："我不眼红年轻人拿高工资，贡献很大才能拿到这么高的工资，我们还要进一步推行这种新的薪酬改革。前二十几年，我们已经熬过了不平坦的道路，走上新道路时，就要具备新条件。3个人拿 4 个人的钱，干 6 个人的活，就是我们未来的期望。这样改变以后，华为将一枝独秀。"

说白了，就是给能力强的人多一些钱，激励他们干更多的活。华为也不宣传让大家都去做雷锋、焦裕禄，但对奉献者，公司一定给予合理回报，这样才会有更多的人为公司做出奉献。这既体现了华为的核心价值观，又成为华为的基本价值分配政策。

任正非：华为员工要接受收入差距

2015 年 3 月 31 日，任正非在年度市场工作会议上的讲话中说："未来五至十年，我们将从中央集权式的管理逐步迈向让听得见炮声的人来呼唤炮火。当前正在进行的管理，从以功能部门为中心转向以项目为中心的过渡试验，就是对这种模式的探索。若五至十年后，我们能实现管理权力下沉，后方支持的优质服务质量上升，那么，我们及时满足客户需求的能力及速度就会提升，我们就能在大潮流的汹涌澎湃中存活下来。

"为了实现这种目标，我们人力资源的金字塔模型要进行一些异化。在实行分享制机制的基础上，我们探索按多产粮食来确定薪酬、奖励……同时对干部在合规运营、网络安全、隐私保护、风险管理等方面要综合评价，并按战略贡献来提拔专家、干部……这样就能不断地自我激励。

"这种方式一定会加大收入的差距，我们要习惯并接受。我们要加强对骨干员工的评价和选拔，使他们能在最佳角色、在最佳时间段做出最佳贡献并得到合理的报酬。这些与他们的年龄、资历、学历等无关。我们要适应评价的多元化，就像天下有杆秤，但刘罗锅只有一个秤砣。我们在人力资源岗位"称重"时，要多几个秤砣，分类应用，比如，电子工程师的评价标准就只是秤砣之一。

"我们要理解做出大贡献的员工，通过分享制，要比别人拿到手的钱多一些，或多得多。工作努力的一般员工的薪酬也应比社会上同等职位高20%～30%。当然，他的工作效率也要高20%～30%。我们要注意优秀种子的发现，以及给予他们成长的机会。在互联网时代，学习能力很重要，多努力、多践行、努力奋斗的人总会进步快一些。我们要创造一些机会让他去艰苦地区、艰苦岗位、艰难项目放射光芒。那些在安逸小窝中的小鸟终归不能成为鲲鹏。在这个时代，没有什么奇迹不可以产生。现任俄罗斯国防部长谢尔盖·绍伊古就是一个直接从上尉提拔为上将的人。华为要做到群贤毕至，充分发挥组织潜力、奋斗者的潜力，优先给他们创造实践机会。要允许相当多的优秀员工快速升级，多担责任。

"我们要尊重有经验的各级干部，让他们在流程中发挥重要的骨干作用。但按序排辈、按资历排辈会使一部分优秀员工流失。

"人的工作生命周期很短，我们要让他在最佳时段放射光芒。我们经历二十多年的艰苦奋斗，形成了全覆盖的大平台，而且有数万富有经验的人在经营管理着这个大平台。允许一部分'自由电子''中子'冲击内核，会激活核能，产生更大的能量，不会不可控。人的生命是短暂的，我们要让一些优秀人员在最佳时段上，走上最佳的岗位，做出最大的贡献。激活组织，激发个人潜力，充满最大能量。各级组织对不善于学习的人使用时要慎之又慎。

"我们是赶着牛车创业的，现在是高铁时代了，有些人没有'买'上票，许多人还不能当高铁的'司机'。当我们调薪时，有一部分人降薪就不奇怪了。当然，这还是比过去的艰苦时期挣得多得多了，牛车也卖的是'风光牛车'票，贵多了。不要与坐上高铁的人比待遇。每个人都要找到自己合适的岗位，踏踏实实在那儿贡献，使自己在随时代进步的时候不至于落得太远。

"让听得到炮声的人来呼唤炮火，一定要大道至简，一定要分层分级授权，使管理标准化、简单化。一定要减少会议、简化考核、减少考试，不能用学生式的管理方式进行管理，更不能按考试得分定薪酬。主要精力要集中在产粮食上，按贡献评价人。"

导向冲锋

2017年岁末，华为内部刊物《华为人》专门介绍了出生于1990年的宋亚旭获得华为"金牌奖"的故事。宋亚旭是华为乌兹别克斯坦电信系统部的项目经理，2016年作为项目经理负责W客户IPTV突破项目，最终带领团队成功突破5年独家全网IPTV平台，进入首都价值区域，实现中亚地区部"大视频"三大战役首战成功。"金牌奖"是华为授予员工的最高荣誉，旨在奖励为公司持续商业成功做出突出贡献的团队和个人。

类似宋亚旭这样的"90后"年轻人之所以勇于在一线打拼,并能够脱颖而出,是因为华为的价值分配体系向奋斗者、贡献者倾斜,导向冲锋。在任正非看来,收入的差距就是动力,没有温差就没有风,没有水位差就没有流水。"我主张激励优秀员工,下一步我们效益提升就是给火车头加把油,让火车头拼命拉车,始终保持奋斗热情。"

任正非所说的"给火车头加把油",也就是华为价值分配体系是导向冲锋,让优秀者带动老员工,让全公司没有一个员工能够安于现状。

华为从1997年开始和HAY(合益咨询公司)进行薪酬、绩效、任职体系方面的合作。在2000年处于一个阶段里程碑的时候,任正非与HAY公司高级顾问进行会谈,具体内容体现在《活下去,是企业的硬道理》这篇文章中。这次谈话的核心思想是华为的薪酬制度不能导向福利制度,他说:

"当我们的人力资源管理系统规范了,公司成熟稳定之后,我们就会打破HAY公司的体系进行创新。那时,我们将引入一批胸怀大志一贫如洗的优秀人才,他们不会安于现状,不会受旧规范的约束,从而使我们的人力资源管理体系再次发生裂变。创新是阶段性的,优秀人才进来,价值观和价值体系再次发生变化。老员工向他们看齐,公司又会形成稳定体系。但如果没有规范的体系进行约束,优秀人才进来后,会破坏公司的发展。如果没有系统的体系,创新就会是杂乱无章的、无序的。这就是中国的'悖论'。在华为,也会有人贪图安逸,不思进取,沦为平庸。任何重心到了最低点都是最稳定的，稳定以后谁也不想改变。这种周期性循环是很难打破的，我们要摆脱由成功到失败的悲壮循环。"①

这段话透露了比较丰富的含义，比如，与 HAY 合作进行的薪酬体系变革并不是一次性完成后就停止的，而是要不断演进的；适当的平衡是需要的，但也不能让平衡的重心降到最低点后形成完全稳定的体系，那样就失去了活力，只有适当打破平衡才有利于企业的发展。

2005 年，在《关于人力资源管理变革的指导意见》中，任正非重申价值分配导向冲锋的思想："这次人力资源管理变革的目的是为了冲锋，在 HAY 的帮助下，目的是要建立一支强有力的、能英勇善战、不畏艰难困苦、能创造成功的战斗队列，而不是选拔一个英俊潇洒、健壮优美、动作灵活、整齐划一的团体操队。我们的目的不是为了好看，而是为了攻山头。我们的岗位责任、薪酬待遇是要服务我们的业务发展的。"

2009 年，任正非在《人力资源政策要导向冲锋，不能教条和僵化》一文中明确写道："我为什么对这个公司有信心，我说这公司垮不了，因为我们确定了制度和机制——我只抓前头那批人，后面的我根本不管。只要前头这批人是冲锋的，对他们的激励到位了，剩下的人就前赴后继去跟上，我们就会越打越强，越战越强，我们怎么会输掉呢？我强调必须往前。人力资源管理体系就是要做到如何

---

①《以奋斗者为本》，第 61 页，黄卫伟，中信出版社，2014 年。

让队伍去奋斗。"①

这两段话显示出任正非对人力资源管理工作非常重视,而且华为人力资源政策不是一成不变的,是与时俱进的,但总体导向都是导向冲锋,是激励队伍不断奋斗的。合理的价值分配要体现绩效创造,奖勤罚懒,谁的贡献大,谁的价值分配就多,奖金分配也必然拉开差距,这正是华为坚持"以奋斗者为本""鼓励冲锋"的人力资源政策的具体体现。

第二节 定岗定薪

2015年,应届毕业生进入华为的工资每月为0.9万~1.7万元,其中博士特招可以根据能力单独谈工资,彻底打破工资一刀切的制度。华为董事、时任高级副总裁陈黎芳于2015年底在北京大学宣讲会上,给应届毕业生开出的薪酬是14万~17万元起薪,最高至每年35万元人民币。②

华为不仅懂得如何从市场上挣钱,而且懂得如何分钱。华为职位与薪酬管理的具体方法可以用16个字来概括:以岗定级、以级定薪、人岗匹配、易岗易薪。简单地说,就是工资薪酬根据岗位来设定。

---

① 《以奋斗者为本》,第61页,黄卫伟,中信出版社,2014年。
② 《华为人力资源管理(活用版)》,第195页,王京刚,中国铁道出版社,2017年。

以岗定级，建立职位和职级的对应关系，每一个职位会确定一个对应的职级，这个职级就是这个岗位对企业贡献的价值评估，包括对组织绩效的评估，对岗位价值的评估和对任职者个人的评估。

以级定薪，即界定工资范围。对于每一个级别在公司能拿多少工资进行界定。主管可以根据以岗定级来确定员工的职级，然后对应在级别上，确定员工的工资范围。

人岗匹配，是指员工与岗位所要求的责任之间的匹配，以确定员工的个人职级及符合度。

易岗易薪，是针对岗位变化了的情况，包括晋升和降级两种，根据员工的绩效情况，在新职级对应的工资区间内确定调整后的工资。

任正非认为"英雄不问出身"，只要做出了同样的贡献，公司就给予同等的报酬，这种激励能够最大限度地激发员工的工作潜能。后来，华为建立了一套体现定岗定薪的分配体系——岗位标准工资。

岗位标准工资

2009 年，任正非在其文章《人力资源体系要导向冲锋，不能教条和僵化》中这样写道："我们明确，由人力资源委员会的编制委员会来确定我们应该有多少岗位，以及这个岗位是什么'重量'。你们干部和管理部门要如何去称岗位'重量'，去看这个人是不是适合这个岗位？这一个职类岗位，反正我们只能用一个人，多了一个怎么办？要么你就把多的这个干部挤下去，要么你就把这个干部调给别人。你们原来是针对人来称'重量'，而不是针对岗位的需要来称，现在我们要强调针对岗位的需求来称。"

为了合理反映员工的贡献与报酬之间的关系，华为人力资源部制定了岗位标准工资制度，将员工职位分为 22 个等级，每个等级又按照胜任能力分为 ABC 三个层次。13 级以下基本上都是普通员工，这里不具体描述，我们重点来看 13 级及以上的。华为员工标准岗位工资明细及分析如表 3.1 所示。

表 3.1 华为员工标准岗位工资明细及分析表[①]

单位：元

岗位等级	胜任等级		
	C	B	A
13	5500	6500	7500
14	7500	9000	10500
15	10500	12500	14500
16	14500	17000	19500
17	19500	22500	25500
18	25500	29000	32500
19	32500	36500	40500
20	40500	44500	49500
21	49500	54500	59500
22	59500	—	—

华为将每个等级与员工绩效考核成绩相对应。如果员工考核（对员工贡献的评价结果）获得 15C，那么他的工资就是 10500 元，奖金、期权另算，但也要通过绩效考核来衡量贡献，通常 15 级将获得 3 万 ~ 4 万股期权。[②]岗位标准工资中还设定了胜任系数，以奖勤

---

①②《华为的人力资源管理：实战版》，第 87 页，张继辰，文丽颜，海天出版社，2015年。

罚懒。完全胜任的系数是 1，基本胜任的系数是 0.9，暂不胜任的系数是 0.8。

此外，为了让华为人继承华为的企业文化，公司还设定了地区差异系数，一级城市 1，二级城市 0.9，三级城市 0.8，其他城市 0.7。[①]

任正非表示："逐步实施岗位职级循环晋升，激发各单位争当先进。第一，我们实际已有的薪酬标准就不要改变了，变的是个人职级。第二，以岗定级不能僵化。以后有少部分优秀人员，没岗位但允许有个人职级，要看重这些人有使命感、创造力。如果脱岗定级的问题现在找不到合适方法来操作，就把优秀人员的岗位职级先调整了，然后他自己再去人岗匹配，程序还是不变，这个机制可以叫作'岗位职级循环晋升'。如原来 20 级的组织，其中做得优秀的那 30% 可以转到 21 级，每三年转一圈，做得好的才动。每年拿 30% 优秀部门来评价，如果明年这个岗位还在先进名单里，就更先进了，还要涨。落后的没涨，就会去争先进，争先进的最后结果是，我们把钞票发出去了，而且主要发给优秀单位。实行全球 P50 标准工资的人员范围应该还要向下覆盖。当公司出现危机时，不是一两百人就能够救公司的。具体如何操作法，扩大到多大规模，我不知道。"

[①]《华为的人力资源管理：实战版》，第 88 页，张继辰，文丽颜，海天出版社，2015 年。

岗位标准工资解读

岗位标准工资的等级确定，一是依据面试、试用情况；二是依据日常工作、项目执行的评价。总之做出的贡献越多，得到更高等级岗位工资的可能性越大。华为人员所在等级说明如下：

◆ 助理工程师的等级为 13C～15B。

◆ 普通工程师 B 的等级为 15A～16A。

◆ 普通工程师 A 的等级为 17C～17A。

◆ 高级工程师 B 的等级为 18B～19B。

◆ 高级工程师 A 或技术专家为 19B～20A。

◆ 三级部门主管为 19B～19A。

◆ 二级部门主管为 20A。

◆ 一级部门主管为 21B～22B。

◆ 最高等级为 22A。

其中，华为技术专家的等级等同于三级部门主管，高级专家最高可达到一级部门主管的技术等级 21B～22B，这也体现了同贡献、同报酬的分配原则。

执行岗位标准工资制

华为实行岗位标准工资制后，不再或很少由上级任命、定级，完全由员工按照相关规定自行应聘相关职级，如工作 8 年以上的可以去应聘 16A，工作 6 年的可以去应聘 15B、15A，上级只是负责考核。这杜绝了各种不公平的现象发生。

能力突出、项目经验丰富、有经理级职务或技术专家,可应聘19级。

工作10年或以前担任过部门经理的社招员工(社会招聘人员),17A以上,并派往海外。

工作6年,能力和技术水平一般,但基本能胜任工作的普通社招员工,给予15B或15A;如果在原公司是骨干给予16B或16A。

工作8年的普通社招员工,一般给予16A或17B。

特招进入华为,一般给予17A～18A,并给予签字费、股票。

若是思科、爱立信、阿朗、诺西等公司正式任命的部门经理(部门主管),则给予等同于华为三级部门主管的级别19B或19A。

应届本科生最低级别13C。

生产线上的操作工13C以下。

需要说明一点,签字费就是给跳槽至华为员工的补偿金,以及奋斗者协议奖金,一般为3万～5万元。

此外,华为的待遇还体现在技术等级与任职资格挂钩上,也就是说,技术等级是职称,职称是享受待遇等级的。华为规定技术等级加上任职资格为员工享受的薪酬待遇,如技术等级为3A,任职资格为13,则薪酬待遇相当于3A+13=16A的待遇。这为许多走技术路线的员工提供了相当于管理岗位的待遇。

定岗定薪分配体系建立后,极大地提高了华为人工作的动力,为华为带来了前所未有的繁荣。①

第三节　员工福利

"社会保障机制是基础，上面的'获取分享制'是一个个的发动机。合理规划劳动所得和资本所得，导向冲锋，公司就一定会持续发展。我提出四个假设，你们来看是否正确。第一个假设：流程组织优化，在5年内是否会逐渐有进步？进步的标志就是人员减少，工作效率提高，利润增加。第二个假设：针尖战略是否将增加我们定价和议价的能力？第三个假设：3～5年内，有的竞争对手在衰退，我们的商业生态环境是否会改变？第四个假设：现在人力资源改革产生的动力，特别是分享机制形成以后，会不会提高生产力？如果这四个假设成立，意味着利润会增加，我们的可分配薪酬包也就增加了。股东、劳动者收益分配要有合理比例。未来为华为创造价值的主要靠资本的力量，但更要靠劳动者的力量，特别在互联网时代，年轻人的作战能力提升很迅速。有了合理的资本/劳动分配比例、劳动者创造新价值等，分钱的方法就出来了，就要敢于涨工资了。这样人力资源改革的胆子就会大一些，底气就会足一些。

"所有细胞都被激活，这个人就不会衰落。拿什么激活？就是薪酬制度。社会保障机制是基础，上面的获取分享制是一个个的发动

---

① 《华为绩效管理法》，孙科柳，电子工业出版社，2014年。

机,确保两者以后,公司一定会持续发展。'先有鸡,才有蛋',就是我们的假设。因为我们对未来有信心,所以我们敢于先给予,再让他去创造价值。只要我们的激励是导向冲锋,将来一定会越来越厉害。"任正非在内部讲话中这样说道。

仅基本工资就高出别的企业好几成的华为,自然不会在福利待遇等方面输给别人。

在创建初期,华为经济条件比较困难,当时对因工死亡或伤残员工的额外补偿比较低。现在经济效益好了,华为没有忘记这些员工为公司做出的贡献。

华为从1996年就开始发相当于工资15%的"补充"保险(华为称为"安全退休金"),并且每隔两年便直接打到员工的银行账户上。所谓的"补充"保险,就是在员工工作的时候就把员工养老的钱给发了。

为让员工在全球工作和生活无后顾之忧,自2005年起,华为推行员工保险保障和福利制度变革,发布了关于员工保障、医疗保障、医疗救助保障、人身保障等方面的系列文件,目前已建立了强制性社会保险、医疗保险,以及商业保险的双重保障机制。依据该制度,员工除依法享受国家和地方的强制性社会保险保障外,还享受华为提供的商业保险保障。商业保险包括商业人身意外伤害险、商业寿险、商业重大疾病险、商业旅行险。若因工意外伤害不幸罹难的,任何员工除可以依法获得社会保险的相关补偿外,还可额外获得100万元的商业保险补偿。对于罹患重大疾病的员工,可额外获得商业保险20万元人民币的重大疾病补偿;若因病去世,可额外获得 30 万元人民币的商业寿险补偿。

华为在多个方面对员工保障体系进行持续优化，包括全面开展海外员工保障管理优化项目，制定属地化的保障政策，进一步完善公司的全球员工保障体系；提高商业寿险保障标准；与保险供应商合作建立全球员工保障管理与运作 IT 平台；进一步推广及完善员工家属保险认购计划，为增强员工家属保障搭建平台等。在突发事件处理方面，华为对发生的员工工伤事故实施对一级部门主管问责制，并成立员工保障管理领导小组对突发事件处理方案进行审议和决策。

2018 年 7 月，华为发布了《2017 年可持续发展报告》，这是华为连续第十年主动向社会公众报告公司的可持续发展状况。报告主要介绍了华为在消除数字鸿沟、保障网络稳定安全运行和用户隐私、推进绿色环保和构建和谐健康生态这四大领域所采取的行动。2017 年，华为积极将自身行动与联合国可持续发展目标（SDGs）对标，推进可持续发展战略目标的落地。2017 年，华为实现全球销售收入 6036 亿元，华为全球员工保障投入约 126.4 亿元。

对于那些已经和华为签订就业协议的毕业生，来公司报到的路费和行李托运费等可以享受实报实销，包括：从学校所在地到深圳的单程火车硬卧车票、市内交通费（不超过 100 元）、行李托运费（不超过 200 元）、体检费（不超过 150 元）。上述费用所有票据在报到后的新员工培训期间统一收取、报销，并在报到的当月随工资发放。虽然仅仅是报销报到费用，每个人只有几百块钱，但一次性招聘数千人时也是一笔不小的开支。这一点，国内绝大部分公司都很难做到。

此外，华为新员工在正式上岗前的为期几个月的内部培训期间，工资、福利照发不误。

在华为，发放额度最高的福利分别是交通补贴、出差补贴和年终奖。

◆ **交通补贴**。这种补贴只有深圳总部员工享有，国内其他分支机构没有。由于深圳总部的园区离深圳市区很远，许多家住市内的员工上班要花不少的交通费用，因此，华为给员工们每月支付 800～1000 元的交通费用。交通补贴每月都直接发到员工的工卡里，不得取现。在每年年底高于一定数额或离职时可以一次取现，扣 20% 的个人所得税。

◆ **出差补贴**。这种补贴分国内出差补贴和海外出差补贴，根据职位、出差地的艰苦程度、危险性等标准计算。标准乘以实际出差的天数就是可以拿到的补贴。一般在出差回来后报销时领取。

具体来说，华为员工国内短期出差补助标准为 100～200 元 / 天，交通费、住宿费、通信费实报实销。技术支援或市场部人员在国内常驻外地，补助标准按地区艰苦程度分为几档，一般 50～100 元 / 天，住宿费用另外计算，如果住宿在当地的办事处则没有住宿费用。研发人员如常驻外地研究所不享有该项补助。

员工在海外连续工作 3 个月的，可以享受海外出差补助，标准为 50～70 美元 / 天，香港为 300 港元 / 天。常驻海外的员工根据当地情况，补助标准分为几档，一般 50 ～ 85 美元／天，当地越艰苦、越危险，补助越高。2004 年，华为的海外补贴降低了标准，一般国家降到税后 30 美元／天。公司还会替员工交纳社会保险基金，按照每月基本工资 15% 的比例划拨，员工离职时可一次性提取，扣 20% 个人所得税。①

◆ **年终奖**。在华为的薪酬体系里，年终奖的数量占到了所有报酬的近 1/4，华为公司每年七八月份都会有一个规模非常宏大的"发红包"活动。那时公司的高层几乎全部出动，根据员工的贡献、表现、职务等分股票、发奖金，一般员工为 1 万～3 万元。一般来说，市场系统、研发系统的骨干最高，秘书、生产线上的工人等做重复性工作的员工最少。

华为还发布了《员工保障管理规定》《员工医疗保障管理规定》等系列文件，并建立了员工健康与安全的预防体系，包括年度体检以及 24 小时心理医生指导等。2008 年，华为设立了首席员工健康与安全官，统一管理员工健康与保障工作。

华为为什么要设立首席健康和安全官？这或许可以从任正非语录中找到答案："员工不能成为守财奴，丰厚的薪酬是为了过高雅的生活，而不是精神自闭、自锁。"

在员工健康与安全方面，华为已经通过了国际标准的环境、健康和安全（EHS）管理体系的认证，以及 OHSAS18001: 2007（职业

---

① 《华为的人力资源管理：实战版》，第 84 页，张继辰，文丽颜，海天出版社，2015 年。

健康安全管理体系）的认证。

华为 EHS 主要包括作业环境管理、特种设备管理、职业健康管理、事故管理、应急和响应管理、宣传与培训、管理评审与持续改进等。通过这些措施，可以最大限度减少伤害、事故、污染物等，保证员工职业健康与安全。华为还专门成立了健康指导中心，规范员工在餐饮、饮水、办公等方面的健康标准和疾病预防工作，提供健康与心理咨询服务等。

华为拨付专门款项用于员工开展丰富多彩的业余文体活动，也鼓励和引导员工自助开展各类有益身心的活动。华为目前有包括篮球、羽毛球、足球、书画、舞蹈、摄影在内的数十个员工文体协会。"交一个朋友，参加一个活动，培养一种兴趣"，华为鼓励和倡导员工在工作之余，健康生活，快乐生活。

第四节　防止高福利对企业的威胁

70 多条班车线路，按摩师、心理咨询师一应俱全，上班晚来早走，甚至可以悠闲地开网店，这是曾经辉煌无比的诺基亚中国公司的真实写照。令人颇为惊讶的是，无论在巅峰时期还是没落之后，诺基亚的员工福利和工作氛围基本没有太大变化。难道是这种高福利、以人为本的企业文化害了诺基亚？一名小米公司员工发布微博称："好几个诺基亚的朋友想来小米求职，我问他们，诺基亚走下坡路不是一天两天了，为什么拖到被裁了才想起来找新工作？他们的答案基本一样：'诺基亚好啊！外企待遇，薪水高、假期多、工作少，基本不用干活儿，所以之前舍不得走。'"由此可见，无度的低福利和高福利都对组织有毒性。

2000年，任正非在其文章《活下去，是企业的硬道理》中明确表示："我们公司的薪酬制度不能导向福利制度。"同年，任正非在其文章中再次强调："在发展中要注意一旦富裕起来，对可能产生的福利社会的动力不足问题要提早预防，就不会出现日本出现的问题。目前，加拿大、北欧这些福利国家都遇到税收过高、福利过好、优秀人才大量流失的困境。我们认真研究吸取经验教训，就会持续有效地发展。"

2005年，在华为的内部文章《关于人力资源管理变革的指导意见》中同样表明，要控制总体薪酬水平，防止高工资、高福利对企业未来的威胁。"要研究历代封建王朝是怎么覆灭的，当新一代皇帝取代旧主时，他成本是比较低的，因为前朝的皇子、皇孙形成的庞大的食利家族，已把国家拖得民不聊生。但新的皇帝又生了几十个儿子、女儿，每个子女都有一个王府，每个王府都需要供养。他们的子女又在继续繁衍，经过几十代以后，这个庞大的食利家族大到一个国家都不能承受。人民不甘忍受，就又推翻了它，让它重复前朝的命运。华为如果积累了这种病，几年就会破产。"

防止高工资、高福利对企业的威胁是华为的一贯要求。2009年，任正非在文章《深淘滩，低作堰》中继续强调："客户是绝不肯为你的光鲜以及高额的福利多付出一分钱的。我们的任何渴望，除了用努力工作获得外，别指望天上掉馅饼。公司短期的不理智的福利政策，就是饮鸩止渴。"

"华为走到今天，靠的是这种奋斗精神和内部的一种永远处于激活状态的机制。"华为表示，正是由于这些员工中绝大多数是华为持股员工，因此都支持企业保持持续的创造力和活力。

"高层要有使命感，中层要有危机感，基层要有饥饿感。"现在，任正非对于华为不上市有了新解释，他说："猪养得太肥了，连哼哼声都没了。科技企业是靠人才推动的，公司过早上市，就会有一批人变成百万富翁、千万富翁，他们的工作激情就会衰退，这对华为不是好事……"

让作战的力量多用在产粮食上

——任正非关于《华为公司人力资源管理纲要 2.0》修订与研讨的讲话纪要

一、对《华为公司人力资源管理纲要 2.0》的思考，主要从过去的不信任管理体系，向信任管理体系转变。在内、外合规的情况下多产粮食，减少不必要的汇报、报表，这样管理层级会缩小。让作战的力量多用在产粮食上。

首先要厘清在"天"与"地"管控下，历史上"一棵树"的管理是如何夯实的，有什么经验教训。要先强调30年来单一业务是怎么管好的，然后再横向拓展到多棵树的管理的设想，针对差异化的"多棵树"管理进行探讨。总结"一棵树"的管理是基础，好好总结过去的管理经验和现存问题，再纵向进一步明确下一步管理该如何优化。

为什么公司一直强调要聚焦主航道呢？因为每增加一个业务，就给管理系统增加了几千个管理点，对管理进步的牵制很大。目前，我们一棵树管理尚不完善，多棵树管理会不会冲乱了管理体系？要从有效管理的角度先分析和改进"一棵树"的管理。比如延标、拆单等就是一棵树上的现存问题，现在机关随便说"NO"的文件有7000个，流程一到，这里被卡住，那里被卡住，速度很慢，流程改革多难啊？只有用的人才知道，让人欲哭无泪。运营商业务这棵树上的管理问题依然如此复杂，多棵树我们会不会乱成一团麻呀？现在管理还有很大的优化空间。我们要研究八爪鱼的控制系统，它的2/3神经元在爪尖上，所以它的几根爪不会打架。爪尖的小脑与中央大脑如何协同的，这也是我们对于天地之间多棵树，树与树之间原则上不要相关联的思考。树之间主要是通过天、地相关联的。

我们挡不住业务的客观发展，会冒出多棵树来。但是我们要首先着手总结经验教训，不允许杂草丛生，不允许盲目创新。生物学上人体的成长靠的是细胞的受控分裂，分裂成新的脑细胞、红细胞等，吸收营养，滋养肌体，茁壮成长；而不受控的细胞分裂就是癌症，无限分裂的细胞疯狂消耗宝贵资源，带来的却是肌体必然的枯萎与死亡。公司未来每棵树的全球市场占有必须企望达到全球前三，没有可能达到的，立项要控制。内嵌式的业务改进，也许是战略；外挂式的产品研发，未必在主航道。坚决不在非战略机会点上消耗主要力量，不仅因为我们没这么多钱，也因为我们管理不好这么多拖油瓶。面对差异化的业务与人群，我们要采用差异化的政策和管理方法，但差异化首先要从单一业务有效管理这一坚实的基础出发。

将来公司几个业务管理的核心思想与宏观规则基本是一样的。云业务不要去简单地抄袭外界云业务的表面做法，要深刻理解业务的规律，更要结合我们的实际。我们还是坚持做一块肥沃的东北黑土地，允许大家来种玉米、高粱、大豆……哪家土豆好，就让它来种土豆；

哪家玉米好，就让它来种玉米。可以开放接受所有优秀的业务，这个业务群就形成了一个云平台。我们也是个云业务公司，不过多数庄稼是别人种的，我们只是一块黑土地。我们坚持不走重资产化的路。我们做安平的业务，也是坚持做好东北黑土地，才能和优秀公司一起有效发展。当然，不排除我们也种一棵高粱，但这个业务必须企望全球前三，否则就别种。

《华为公司人力资源管理纲要2.0》的结构可以分为两个部分：

第一部分，先按过去30年实际做了什么来总结，也就是先把《华为公司人力资源管理纲要1.0》版本研究透，再来说未来，但是这个总结不是简单地用素描方法来总结过去的历史，可以用今天前沿的方法来总结，还要梳理出有多少问题，这些问题要用什么方法去解决。

第二部分，在"多棵树"场景下使用的过程中，"一棵树"理论还会存在很多新问题，需要扬弃与发扬。成功不是未来可靠的向导，企业生命长存就要遵循生物学的进化法则，在外界环境缓慢变化时，持续积累是优势；而在外界环境快速变化时，要警惕依赖过去经验造成的发展障碍。总结和扬弃的原则是，和人性相关的管理经验，未来可能依然适用；和业务、时代环境相关的经验，可能会发生变化，不能有路径依赖。要坚持公司核心价值观的形而上的核心理念，可以逐步每日落实过去为适应阶段性需求的形而下的表象做法，积极开放探索适应变化的新方法。开放是企业进化的前提，只有开放，保持空杯心态，洞见和学习吸纳外部信息，才不会使自己成为商业丛林发展中的孤岛，才有机会改变、迭代和进化成始终适应时代的先进企业。

二、公司未来是统治与分治并重的分布式管理体系，采用"横向分权，纵向授权"的权力结构。统治系统各机构间是分权制衡关系，统治系统与分治系统间是授权与监管关系。立法权高于行政权。

未来集团董事会是经持股员工代表大会授权的公司最高领导委员会，代表集团的统治权力；下面是消费者业务管理委员会、ICT基础设施业务管理委员会和平台协调管理委员会。消费者和泛网络业务管理委员会有一定的分治权力；平台协调管理委员会是支撑集团统治的协调权力，承接从董事会下来的主张与要求，做细节性的穿透工作，形成公司的共同平台。董事会的中央管控一定是强有力的，通过统治平台来管制不同业务的分治，否则就容易被架空。

未来采用"横向分权，纵向授权"的权力结构。公司统治系统如董事会和监事会间是分权制衡，但统治系统到分治系统不是分权而是授权，决策权力是授给下面的，监督权仍在集团。不是农民起义来夺权，只是分经营决策权，没有分监管权，既然接受了授权就要接受监管。把该管的管住了，才能把要授的授下去。如果授权后都管不住了，那授出去干吗呢？授权就是要在合理的宏观统治下，让各个业务单元增加自身活力，而不是让各BG/BU脱离公司跑掉了。

公司共同价值管理就是董事会承担的总责任，主要有四条：一是战略洞察；二是建立业务边界与管理规则；三是管理高层关键干部；四是监督。董事会的支撑平台就是现在集团的主要职能部门，负有统治支撑责任，更多是基于建设，而不是操作；下面分治体系自己建设的平台是操作和监督。关于集团职能的监督、管控和服务，可以进一步讨论优化。这样我们让多元化业务在我们公司生长，甚至小的创业模型出来了，我们也容忍，但你是受限、受控的，不能赌博式的无底洞投入，你必须企望进入世界前三，在世界IT版图上拥有自己的一席之地。各业务必须要创造出价值来公司才给你，没有创造出价值，也别讲故事。

以天、地为平台进行管理的目的是允许多棵树在公司平台上共同生长，最好树和树之间不关联，只是天和地跟这些树关联。我们是有中心的发散与收敛，使各业务既有自由运营的灵活机动，又有天、地的管控。去中心化短期内还不适合华为。也就是说，树与树之间原则不共享，各自干各自的，这样互不牵制，管理也就简单化了。公司统治平台是一个，分治的平台是各自的，分治以后就别再共享了。如果代表处实行子公司董事会代表公司，作为一个平台，它为所有业务服务。

公司基础平台（比如技术平台与组织平台）建设很重要，要保持稳定。公司基础平台为我们的应用平台开源，支持应用平台的快速发展。每年从各个应用平台上沉淀公共的代码与程序，减轻应用平台的负担，提高其运转速度，快速响应业务需求。应用平台不求全求美，暂时有缺点也可以用，不行还可以再淘汰。谁在平台上面跳舞无所谓，你方唱罢我登场，因为演员的生命是有限的，跳一跳就死了。但平台越垫越厚，成为支撑公司长远发展的皇天后土，有极强竞争力，有能称霸一方的基础。"万里长城今犹在，不见当年秦始皇"，公司最重要的是要抓住平台的建设，提高竞争力。平台建设得足够好的话，是永远年轻的，我们业务上也能更好发展。

公司过去不稳定，是因为我们在组织变革中打散了旧平台重新组合、再组合，不断形成新平台。这既不利于业务能力的持续积累，也无法在一点突破后迅速聚集起发展力量，让公司平台的业务支撑作用和杠杆作用无法得到充分发挥。以后要允许公司有专职平台，平台之间弱耦合，可以各改革各的，就不会引起混乱。如果我们建立了两个平台，一个是基础研究的技术平台，一个是基础管理平台，那么不同业务的大树就可以充分发挥自己的活力，按照自己的业务规律运作、发展。基础研究的技术平台要慢慢做，踏踏实实把"尘嚣"一层层沉淀下来，丰富"万里长城"的基座；应用平台允许有错，积极服务客户，每一年从应用平台沉淀 5%~10% 到基础平台上来。应用平台的作战队伍可以更年轻化一点，要敢冲敢闯，错了也只是一个模块。在市场的作战平台上，一定要有一个强大的职员队伍，他们是精兵作战的关键骨干，他们稳定高效工作，既可以使过程管理简化，也能帮助一线行动迅速。

三、人力资源管理要用好精神与物质两个驱动力，精神激励要导向持续奋斗，物质激励要基于价值创造。

在精神激励方面，强调坚持核心价值观，将公司的愿景使命与员工个人工作动机相结合，这就是集体主义下面的个人主义。品德与责任是干部选拔的两个基座，在此基座之上的小树们要比生长质量与速度。要构建信任、协作、奋斗的组织氛围，逐步实施以信任为基础的管理，持续激发组织与员工积极创造的精神动力。

每个员工都有自己的价值观、使命感。基层员工也会有使命感，但是不用承载太多；高层领导主要做政策、规则，使命感要强，不同层次不能用同一标准。不排斥有少数二等兵使命感很强,每个人承载的动机也允许不一样,至少权重不一样。我们假设有少量一群人是胸怀大志,但是不能号召所有二等兵都要转为统帅。大多数人是干一行、爱一行、专一行,公司的核心价值观是统一的,但是在传播时可以分类、分区域采用不同的要求和标准。

对优秀人才、超优人才倾斜是给予其机会上战场,不是立即提升其职级。等他做出成绩后才能把他的职级升上来。我们要以规则为中心,而不是人治。我们对责任的理解是,不一定要抱个金娃娃,抱个泥娃娃也可以。

在物质激励方面,我们还是强调多劳多得。在物质回报的分配上,多劳多得是理念,分享机制是手段。对内部可以有一次分配和二次分配,获取分享制要向外延伸,延伸到整个价值链里面去。这样让所有的内外部的优秀人才参与到价值创造和价值分配的过程中,从而实现价值创造的合理化。

将来会进一步改革长期激励机制和短期激励机制,长期激励机制导向持续奋斗,短期激励机制导向多产粮食。

目前的长期激励机制有点局限,以后还会不会导向长期奋斗呢?所以,我们现在试点在低职级员工里从其总收入中提取20%去买股票。你干得好,就多拿钱多拿奖金,你就可以多购股。如果你的总收入低于当年同职级平均值的一定程度,那你当年就不要买股票了,就放弃一年。没有限制了,大家可以不断冲锋,这才是长期激励机制。长期激励的分配要重点瞄准中基层员工中持续优秀的、有使命感的那一部分人,这些人是未来主官、高级专家、高级职员的基础。我们要鼓励这一部分人，而不是撒胡椒面。

对于短期激励机制，大家现在说3:1的短期激励太强了，但这是根据经验得到的，将来可以修正成一个可能更合理的系数。要针对基层、中层、高层，市场、研发、职能，作战与支撑等不同人群的贡献性质和激励诉求，来差异化薪酬结构中长期与短期的构成比重。薪酬的结构管理不能一个模子，执行不能一刀切，要大胆探索出支持"即插即用""众筹快闪"式用工模式的薪酬激励模式。

在分配中，战略性的问题作战略性的安排，非战略性的东西必须以贡献为中心。有些业务，即使你说得天花乱坠，不产生利润就没有利益分享，这样评价机制慢慢就会有一个科学的方法。

在公司业务边界内成熟业务的获取分享制要优化，逐步引入追加奖励、战略奖励等措施。不仅让"多打粮食"的工作得到当期回报，也要让"增加土地肥力"的努力获得合理收益。追加奖励也是一种激励。多打粮食不能以"透支恶化"土地肥力为代价，对于透支恶化土地肥力的急功近利行为，要让大家都注意，要建立科学的发展观，就要建立科学的历史观。

四、坚持从成功实践中选拔干部，打造富有高度使命感与责任感，具备战略洞察能力与决断力、战役的管控能力，崇尚战斗意志、自我牺牲和求真务实精神的干部队伍。敢于选拔优秀的低级别员工，也敢于淘汰不作为的高职级的主官。

要区分好领袖群体、主官群体、一般干部群体的不同作用。"仰望星空、洞察变化、把握好公司前行的宏观战略方向"是对公司领袖的要求，不是对主官的要求。主官就是要聚焦战略执行，保证作战成功，要求也不能过于宏观。

每个干部都要敢于担责。对不敢担责、不行权的干部要问责、撤换。干部行权其实就是自己最大的机会，放弃使用就放弃了机会。干部要嗷嗷叫，公司才有希望。干部也不能拿公司做人情，对于做不出成绩，对于不敢淘汰和降级不合格员工的主官，要坚持每年10%的末位淘汰。不努力工作，我们与患了富贵病的王朝有何区别？干部撤换下来不是直接辞退，先到战略预备队或内部人才市场，让他们重新去寻找岗位，和年轻人竞赛。要让不作为的干部知道，重新上岗这条路很艰难，这样他们才知道在岗行权担责，这才是最大的机会。主官的淘汰率高，但他们升职也快。我们制定《华为公司人力资源管理纲要2.0》的一个重要目的就是要解决30年积淀的问题，帮助组织重新焕发青春。

"干部八条"实质就是一句话："说老实话，做老实事。"我们还是维持这个"八条"，不用讲得太精细化。传播"干部八条"可以采用一些张贴方式，做一些很漂亮的张贴画、小册子等。道德遵从委员会要制作一种针对干部违反"八条"后予以警醒的"鸡毛掸子"。比如，干部在哪些地方违反了"八条"，先不撤职，也不处分，就是在一个公开平台上点名，希望大家不要违反。在2017年市场大会上，我们数千高级干部庄严宣誓忠实执行"八条"，刚刚宣誓完，决不允许有人挑衅"八条"，公开或当面吹捧领导人，领袖的光辉伟大是自然形成的，而不是靠阿谀奉承堆砌的。对悍然挑衅"八条"权威的投机风气，决不允许它蔓延。越是在胜利冲昏头脑的时候，越是要警惕扒手。我们各级主管及干部要看得见一些埋头苦干人的背影。

五、坚持努力奋斗的优秀人才是公司价值创造之源。让内部英才辈出，外部优才汇聚，建设匹配业务、结构合理、专业精深、富有创造活力的专业人才队伍。

努力奋斗的优秀人才是公司价值创造之源。其实，努力奋斗的优秀人才是公司价值创造的主源，但我们不应忽略其他价值创造要素，所以提"之源"是可以的。在人才管理机制上，我们就是要外部优才汇聚、内部英才辈出，通过整个人才队伍机制的打造，形成一支支撑公司发展的专业队伍。

我们最主要的需求，一是研发队伍需要年轻化，二是高级人才要有战略洞察力。大量应届理工科生通过研发进入，再到GTS（全球技术支持与客户服务）实践一段，然后，再到研发工作两三年，完成一些项目，取得一些成功经验，再分流到各岗位。即使继续从事研发的人二次循环，收益也会颇丰。余承东、汪涛不就是成功完成了一个研发项目，走上市场，锻炼出洞察力的例子吗？懂技术才会有战略洞察力。如果不懂技术，就无法洞察战略。要及时从新生力量中挑选一批人走向各种岗位，包括战略后备队岗位。

公司对不同类型的人才要有差异化的管理政策与机制。针对外部高端专家人才要有"众筹快闪"式的管理方法。没必要捆绑一个科学家20年，也没必要始终要求他忠于公司。他进来只干三五年也不要紧，只要达成目标，他该拿多少就拿多少。这个所得也许不少于按普通机制让他待二十年的所得。

职员族是公司夯实高效运营的基础，希望队伍要稳定，操作要及时准确。职员族只要努力学习，能力胜任，工作到五六十岁都是可以的。

面对不确定性的主官族，要大浪淘沙，要快上快下。

对于专家，要让他在相关专业领域内垂直循环，横向循环，三五年一个循环。要让他有一段时间去前线参加作战，理论联系实际。如果建立了一支稳定且强大的职员队伍，解决方案即使变化了，标书95%也没有变化，只有5%的"味精"撒进来了，专家只要管那5%的"味精"怎么撒进来的问题就可以了。主官只需盯着作战方向和成功，以及合理组织资源。

我们公司一定要有稳定的职员族，职员负责职业化的操作与运营，是公司稳定的发展基础。什么是职员？军队的士官就叫职员，他负责的是确定性业务。专家是解决不确定性和疑难问题的。过去的银行，日常管理人员主要就是职员，比如襄理就是职员；后台管理者有专家，但也是一些职员和行政管理者；行长主要搞社交，是公共关系与政治家、商业结构家。职员和专家都要有专业技能但面对的场景不同；专家是应对不确定性和变化，对出现的特殊情况进行处置；职员就是按确定标准不断作战，但规则确定，并不意味着事情简单。比如做标书，做标书的也可以是高职级的职员。再比如，美国军队负责管油的就是一个士官，美军认为管油这件事就是一件确定性的事。但所有将军去五角大楼都要向这个士官敬礼，因为海军、空军、陆军都要分油。

按日本的政策，当了33年的士官工资就等于少将，当然33年的经历也不是在那里简单坐等的，但努力和贡献了33年，被承认了就是将军了。

美国政府的运作为什么这么稳定？副部长以下的都属于职员，换人就换一把手。一把手跟随总统管不确定的事，今天开会他说要这么做，大家就要听，跟着他走，但执行起来由职员来操作。

项目经理将来职级是可以提高的，21级及以上的项目经理应是基本状况。我们要做低级职员、中级职员、高级职员区分。低级职员第一要熟悉业务，第二要知晓基层实践的状况；中级职员一定要有基层实践的成功经验；高级职员对实践的理解和成熟程度要很高，不仅在自己业务的经度上有经验，而且在相关业务的纬度上也要有洞察力。高级职员是允许回炉的，允许循环深造的。其他中低级职员从基层上来后，原则上在岗位上不变动，干一行、爱一行、专一行。毕竟，让全公司职员都流动起来是没有必要的。

2017年持续进行破格提拔，在15、16级破格提拔三千人，17、18、19级两千人，其他层级一千人，就是要拉开人才的差距，让这些负熵因子激活组织。让火车头加满油，与"全营一杆枪"的目标是一致的，目的都是打下"飞机"。常务董事会要把特别优秀的专家提起来，即使是实行了年薪制的也可以提起来。我们很多科学家、业务专家是很优秀的，他们的待遇可以高于我们行政长官。我们要拉高专家尖子，把公司的专业技术屋顶撑高，让很多专家获得成就感。现在专家高层级的人数同比只有我们管理者层级的十分之一，这方面做得还很不够。针对应届毕业生中的优秀人才，能否先给个2%～5%的指标，定较高的薪酬，像谷歌、三星、苹果面试那样，直接定个薪酬，加大对最优秀人才的吸引；针对外部高端专家，要出台差异化管理机制，用特殊的方法管理；对战略后备队员普及面能否大一点，重点培养的可以放在艰苦岗位和挑战岗位去锻炼，让新生苗子成长更快些。当他不再是苗子在某一层停下来了，又有一批新苗子进入公司的视野。

对于操作类员工，除了改善物质激励外，要进一步加上精神激励。

可以发些小红花，多少小红花可以换一朵大红花等，物质激励和精神激励并重。要把评价转为量化，可以采用工资小步快跑的方式。基层员工要逐渐开展"生产线全能员工"学习和活动，既要干一行、爱一行、专一行，又要有适当与合理的专业跨度。要让他们熟悉生产线每个岗位的技能，以解决基层员工目前过窄的技能跨度的问题。比如，文员实际上的操作非常复杂，我们要关注他们的合理待遇。

随着生产过程智能化，我们的基本队伍不再是工人，一些博士、硕士也进入了，我们要重新定义这一支工匠专家、科学家队伍。

六、坚持业务决定组织，适应不同业务特点、发挥大平台优势，构建聚焦客户、灵活敏捷、协同共进的组织。

要强调业务决定组织，使组织适应业务特点，同时发挥大平台的优势。公司平台是分层的，主要分为两类，包括整个集团的平台和各个业务的平台，是有灵活性的。最终构建的组织要满足三个要求：聚焦客户、灵活敏捷、协同共进。业务组织要有一定管理跨度，不要分得太细。公司已进入稳定的管理状态，部门划小，对一线干扰过多。

公司整体上的组织运作要从管控型转向支持作战型。组织运作是为了作战，不是为了管控。管控是管控问题，怎么能把自己的作战队伍也管控得动弹不得了呢？基于信任的管理就是减少不必要的汇报、不必要的PPT、不必要的组织层级。在运作方式上，我们要逐步推广"平台+业务团队"的方式，这是一种理念，但实现的方式很多。希望职能部门要平台化、平台要服务化、服务要市场化，平台不能变得很笨重，平台的厚度要根据一线的调用来决定，反过来才能挤压平台的成本。最后，平台与前线是力出一孔、利出一孔。

  公司仍然需要构建流程化组织，否则将来怎么实现大兵团作战？但烦琐的流程不是科学，必须先立后破。眼镜蛇摆动就是最好的KPI运作，眼镜蛇头摆过来，关节跟着动，身体就摆过来了，但关节之间的连接是没有变化的。在伊拉克战争中的美军后勤表现很好，其实就是很好的流程化运作。我们公司现在左讨论右开会，但组织运作僵化，流程管控僵化，还需要节节审批，真不如国企中国铁道的高铁运营管理。但现在流程差，不等于不建立流程组织。虽然流程有非常多的毛病，但还支撑了这么大公司的运作。这个流程虽然有问题，但是还得继承与优化。抛弃了流程运作，我们就是游击队。要逐步改变流程决策机制，对不确定性事务实行以主官为主体的团队决策，确定性事务实行以高级职员为中心的首长负责制。我们一年20万个会议，在咖啡厅开的小型会议还没有统计在内，办公会议太多了，AT会也多，权力也过大。高层委员会集体决策针对的事是很重要的，可以不着急、慢慢来，但中基层的日常运作就不能完全套用这个体系。确定性的事务实行首长负责制，决策速度应该很快，而不是放在每月一次的会议上决策。变革指导委员会自身要多产粮食，而不是流程完美的自我欣赏。看看哪些地方适合实施首长负责制，如果取消ST，也需要拿出替代性的管理机制，实现软着陆。变革委员会要有主动改进的动力，目标是多产粮食。如果全是大官又不推动，不如进来一些愿意推动改进的优秀的二等兵。

七、人力资源工作的重心是以业务为导向，一切都是为业务服务的。

　　人力资源工作的重心与财务是类似的。对财务的要求是以业务为导向、财务为监督，但人力资源不是监督，一切都是为业务服务的。

　　人力资源不能总是跟在业务屁股后面走，人力资源系统不能满足于专业运作，必须了解一线业务实际需求。人力资源主管必须来源于业务领域，来源于一些成功的项目经理、主官。人力资源主管必须是业务先锋，这样才明白管什么，也才找得到明白人，不然怎么识别人才呢？如果没有这种业务经验的人力资源人员，其他人员要先从一般职员做起，而且不能权力过大，先从做好支撑工作开始。

　　人力资源队伍可以超过一些编制，让人员跳出人力资源自我封闭的体系到外面去循环。人力资源队伍包括干部系统的人员，要保持三分之一的队伍加入到作战队伍里面，混杂在作战队伍里面，不断地循环轮回。不循环就会对业务太不知晓，就无法与业务有共同语言，就不能很好地识别人才和洞察问题，就只能起到秘书作用。当然，队伍中有少量秘书人员，不计入作战循环也是可以的。在这种干部的循环过程中不是易岗，只是循环，别把工资给他降了。下去的人力资源干部不要强调自己是来锻炼的，要强调自己是来参战的。在战火中是有牺牲和淘汰的，我们没有"锻炼"这个名词。我们要去解决合理的干部和职员循环问题。

　　人力资源的管理是以适应业务、推动其发展为目标的。不同的业务的运营特点不同，发展阶段不同。比如，各业务所需要的内外资源不同，队伍中新老员工的需求不同，集体与个体在价值创造中的作用不同，组织运作的模式不同。因此，过去习惯的全要素、一刀切的政策管控模式必然带来人力资源政策在具体执行中的捉襟见肘、左右为难。人力资源政策的管控，要紧紧抓住核心价值观和文化传承、关键高层干部和结构性激励框架管理等一系列集团一致性管理的关键核心，而在与业务强相关的组织、调配、考核、具体分配等事宜上，开放一定的差异化政策制定的空间，鼓励业务部门主动寻找能适应自身业务、激发组织活力的管理办法，对于主动尝试的政策改进不要简单说"NO"。

（本纪要摘录了2017年11月13日任正非在《华为公司人力资源管理纲要2.0》第三次对标会及2017年11月20日~21日常董会民主生活会有关《华为公司人力资源管理纲要2.0》集体讨论中的讲话内容。由吕克整理起草，标题为编者所加。来源：心声社区。）

第四章

激活组织
——华为活力引擎

第四章 激活组织——华为活力引擎

企业家要善于不断地激活组织内的人,同时又把更优秀的人激活,让他愿意加盟到企业中来,这是非常关键的。如果没有人加盟,这个组织就不会有新的活力;如果不能把组织里原有的人激活,就不能焕发企业真正的内在价值。

正因为如此,任正非一直对激活组织和组织里的人非常热衷,从末位淘汰制、轮岗制,到鼓励内部创业,再到"熵减"理论的提出,无不是华为激活组织的种种尝试。通过各种努力不断地激活组织,华为才会显得活力四射,拥有强大的发展后劲。华为是一家并不多见的持续生机勃勃的商业组织,30年来不断地创造奇迹,以至于被管理学家称作"一种截然不同的组织动物"。①

第一节 革除元老级"障碍"

华为文化本质上是"蓝血绩效文化",带有军事化与校园文化

---

① 《下一个倒下的会不会是华为》,第233页,田涛,吴春波,中信出版社,2015年。

的组织文化特征，强调业绩导向与执行，强调"上甘岭上出干部"，强调"谁最有业绩，谁最有资源分配权、发言权"。实际上是把外部竞争的压力转化为企业内部的竞争力，不断激活沉淀层，从而形成了华为"三高"——高压力、高绩效、高回报的文化氛围。

在任正非看来，在一个组织待久了，老员工收益不错，地位稳固就会渐渐地沉淀下去，成为一团不再运动的固体：拿着高工资，不干活，因此他爱"搞运动"。任正非认为，将企业保持激活状态非常重要。任正非在其题为《华为的红旗到底能打多久》的演讲中谈道："公司在经济不景气时期，以及事业成长暂时受挫阶段，或根据事业发展需要，启用自动降薪制度，避免过度裁员与人才流失，确保公司渡过难关。其真实目的在于，不断地向员工的太平意识宣战。"

2011年12月，任正非分析了华为人员流动的原因。他这样说道："我人生中并没有合适的管理经历，从学校到军队，都没有做过有行政权力的'官'，不可能有产生有效文件的素质，'左'了改，'右'了又改过来，反复烙饼，把多少优秀人才烙糊了，烙跑了……这段时间的摸着石头过河，险些被水淹死。"

很多人在华为工作10年就已经赚到可以退休的钱，这就造成了一批阻碍公司成长的"沉淀层"。工号20000之前的，被称为是公司内的"贵族"，享有职位与年资上的特权。为此，华为分别在1996年与2007年，由时任董事长孙亚芳及任正非本人各发起了一次"集体辞职"的大运动，两次涉及的人数都将近7000人。

市场部集体大辞职

华为的大规模人力资源体系建设开始于 1996 年。1996 年 1 月，华为发生了一件被内部人称为"惊天地，泣鬼神"的大事——市场部集体大辞职。当时，华为市场部所有正职干部，从市场部总裁到各个区域办事处主任，所有办事处主任以上的干部都要提交两份报告，一份是述职报告，一份为辞职报告，采取竞聘方式进行答辩，公司根据其表现、发展潜力和企业发展需要，批准其中的一份报告。在竞聘考核中，大约 30% 的干部被替换下来。表面看来，这是华为市场部的一次重大变动，而任正非的真实用意却更加深远。

1995 年，随着自主开发的 C&C08 交换机市场地位的提升，华为的年度销售额达到了 15 亿元，标志着华为结束了以代理销售为主要赢利模式的创业期，进入了高速发展阶段。创业期涌现的一批个人英雄，随着公司业务的转型，许多已经无法跟上企业快速发展的步伐。同时，企业管理水平低下的问题也逐渐暴露出来，成了制约公司继续发展的瓶颈。

华为当时所面临的是整个中国社会的一个普遍问题：官只能越做越大，工资只能越升越高，免掉或降低职位都意味着彻底的失败。因此，选择什么样的变革模式，尽量减少对人们心理所造成的冲击，是解决问题的关键。集体辞职，让大家先全部"归零"，体现了起跑位置的均等；而竞聘上岗，则体现了竞争机会的均等。这种野火般激烈的方式背后，实际隐含着的是一种"公平"。能不能上，真有能力的人下了还能上，烧不死的鸟就是凤凰！一位降职干部在大会上慷慨陈词："我的羽毛被烧掉了，但它发出的光芒能照亮后来的人!"何等悲壮激昂的气概。①

1999年,任正非在华为电气学习《1999年十大管理要点》汇报会上讲道:"公司是一定要铲除沉淀层,铲除落后层,铲除不负责任的人,一定要整饬吏治。对于一个不负责任而且在岗位上的人,一定要把他的正职撤掉,等到有新的正职来时,副职也不能让他干。对于长期在岗位上不负责的人,可以立即辞退。若不辞退,这个队伍还有什么希望呢?若你不能认识到这个问题,你就不会有希望。没有一个很好的干部队伍,一个企业肯定会死亡。"

2000年,任正非在"集体辞职"四周年纪念讲话中对1996年以孙亚芳为首的那次历史事件给予了高度的评价:"市场部集体大辞职,对构建公司今天和未来的影响是极其深刻和远大的。任何一个民族、任何一个组织只要没有新陈代谢,生命就会停止。如果我们顾全每位功臣的历史,那么就会葬送公司的前途。如果没有市场部集体大辞职所带来对华为公司文化的影响,任何先进的管理、先进的体系在华为都无法生根。"

过去30年,大多数有一点儿规模的中国公司都发生过销售团队集体哗变的现象,但在华为30年的历史上却从来没有发生过这样的事。市场部大辞职的结果是什么呢?它形成了华为组织文化中"能上能下"的风气,这是非常关键的第一步。

市场部的集体辞职开了华为干部"能上能下"的先河,也被业内视为企业在转型时期顺利实现"新老接替"的经典案例。

---

① 《华为的人力资源管理,搅活"沉淀层",锻炼优秀者》,易才网,2006年。

7000 人集体辞职事件

2007 年 11 月初，新《劳动合同法》实施的前夕，华为出台了一条关于劳动合同的新规定：华为公司包括"一把手"任正非在内的所有工作满 8 年的华为员工，在 2008 年元旦之前，都要先后主动办理辞职手续（即先"主动辞职"后"竞聘上岗"），再与公司签订 1~3 年的劳动合同。所有自愿离职的员工将获得华为相应的补偿，补偿方案为"N+1"模式（N 为员工在华为连续工作的工作年限）。如果某个华为员工的月工资是 5000 元，一年奖金是 60000 元，假如他在华为工作了 8 年，那么他得到的最终赔偿数额就是 10000 元（工资＋年奖金平摊）乘以"8+1"，计 90000 元。在达成自愿辞职共识之后，再竞争上岗，与公司签订新的劳动合同，工作岗位基本不变，薪酬略有上升。

此次自愿辞职的老员工大致分为两类：自愿归隐的"功臣"和长期在普通岗位的老员工，工作年限均在 8 年以上。其中一些老员工已成为"公司的贵族"，坐拥丰厚的期权收益和收入，因而"缺少进取心"。

华为对员工从基本技能培训到领导力、执行力的培养都有独到之处。一个经验丰富的员工显然比刚走出校门的毕业生工作能力强得多，所以重视招聘的华为更重视维系在职员工的忠诚度。但是，像虚拟股份、以工号记资历等措施，也造成部分老员工滋生惰性、丧失创新激情。适逢新《劳动合同法》推出，华为遂顺势而为，用人事震荡来刺激一下老员工，旨在打破"小富即安"的思想，唤醒员工的"狼性"，提升企业的竞争力，为公司注入新的活力。

同时，这也跟通信行业大环境有关。电信行业竞争越来越激烈，特别是大的电信运营商出现大的合并浪潮，由此造成上游电信设备商日子越来越不好过。诺基亚、西门子、阿尔卡特和朗讯都在做并购，并购之后的日子也不好过，并购后厂商利润也在下滑。没有参加并购如爱立信这样的公司日子也不好过，也是出现利润大幅度下滑的现象。

回到华为来看，华为现在同样面临这样一个问题。华为财报数据显示，华为2006年合同销售额达到110亿美元，销售收入达到85亿美元，净利润5亿多美元。它的收入是在快速增长，但是它的利润率却在大幅度下降，2003年华为的毛利率是53%，2004年下降到50%，2005年下降到41%，2006年只有36%，下降得非常厉害。在这样一种情况下，华为面临着怎样进行调整的问题。除了开源，在国际市场加大开拓力度，另外一方面就是要节流。华为从2006年开始实施定岗定薪制度，很多员工重新开始在公司内部调整职位，这种调整在华为实际已经进行了一到两年时间。只不过2007年颁布的《劳动合同法》进一步促进华为对公司内部结构的调整。

此次人事变革并非"强制性"的，而是允许员工进行二次自愿选择。华为称，不排除有些员工是出于"随大流"的心理而做出"辞职"决定，因此提出，这部分员工可以再次做出自愿选择的建议：他们可以退出N+1补偿，同时领回原来的工卡，使用原来的工号。事实上，到最后，没有任何员工提出要退回N+1经济补偿，领回原来的工卡，使用原来的工号。

根据华为的通告显示，这次大辞职事件总共涉及6687名高、中级干部和员工。最后的结果是，6581名员工重新签约上岗，38名员工自愿选择退休或病休，52名员工因个人原因自愿离开公司寻求其他发展空间，16名员工因绩效不达标及岗位不胜任等原因离开公司。

这份通告将此次事件总结定性为"7000人人事变革事件"，并称这将与"1996年市场部集体大辞职""2003年IT冬天时部分干部自愿降薪"一样，永载华为史册。

辞职后又重新上岗的员工没有提出过多反对意见。另外，他们拿到的补偿金比较高。即使离开了华为，有在华为的工作资历，他们找份新工作并不难。

这种激进的做法当时引起舆论哗然，相关部门甚至介入调查华为此举是否有违法之嫌。但出乎意料的是，华为员工竟然没有出现激烈的抗争行动，辞职再回任的比率甚至高达99%。

这是因为不回任者必须在离开前将股份卖给公司，而重聘者可能被降阶降薪，但持有股份数不会因此削减，只要公司继续成长获利，他依然可靠持股享受分红好处。

这种做法让华为一方面保全了资深者作为股东的利益，一方面又促进"新陈代谢"，让一批更年轻、更有能力的人上来，担当与其绩效相符的职位。一般公司会遇到的成长瓶颈与人事困境，华为再一次靠"让员工当老板"的原则跨过。

一次访问日本归来，任正非体会到日本经历过大萧条后的处境，在他的一篇文章《北国之春》中描述华为的处境："华为像一片树叶，有幸掉到了这个潮流的大船上，是躺在大船上随波逐流到今天，本身并没有经历惊涛骇浪、洪水泛滥、大堤崩溃等危机的考验。因此，华为的成功应该是机遇大于其素质与本领。

"什么叫成功？是像日本那些企业那样，经九死一生还能好好活着，这才是真正的成功。华为没有成功，只是在成长。

"华为经过的太平时间太长了，在和平时期升的官太多了，这也许会构成我们的灾难。泰坦尼克号也是在一片欢呼声中出的海。"

在任何一个值得为华为鼓掌的关头，任正非都是采取这种当头棒喝的做法，让每个华为人头脑清醒。因为他知道天道循环的道理，生与灭其实只在一线之间。唯有如此，华为才能在充满更多的挑战中找到下一个惊喜。①

瓦解"工号文化"

"工号文化"在华为的发展过程中起了较为重要的作用，工号的唯一性有利于华为进行人力资源管理，工号的信息属性能够有效地反映出工号拥有者的身份、资历、地位，便于相互不熟悉的员工之间基于工号建立"下尊上、新尊老"的企业伦理文化氛围。

一位曾在华为任职的人士表示，在很多华为人眼中，工号的长短被视为炫耀的资本。工号是华为对员工的编号，任正非是001号，依此类推，按照入职时间先后排序。华为在成立初期为了给予员工长期激励，建立了股权激励计划，员工根据工作时间长短可以获得一定的内部股。由于股权与工作时间以及员工的工号间接相连，这

---

① 《为啥全世界都怕华为？为培养团队肯给员工百万股利》，搜狐，2014年。

就形成了华为独特的"工号文化"。

早年进入华为的一拨人里,以 2001 年为分水岭,后来进入的属于"新人"。区别在于,前一拨多是以应届生和准应届生身份进入华为的,工号数较小,一般在 20000 多号以前。

在"新人"眼中,这一拨人也是"有钱人"的代名词。由于分得大量的股票,他们每年分红收益甚至超过工资。华为的"工号文化"除了让大家觉得工号靠前的人就是有钱人之外,在公司的很多方面也有很深的影响。

如在回复电子邮件方面。华为邮件使用 notes 系统,工号会出现在邮件中。由于华为的工号已经排到十万序列,名字很难标示一个人的身份,于是工号就成为人们猜测、识别来信者身份的一个线索。每天接收众多公司内部的邮件,多数人是懒得回复的。

一些华为员工的处理原则是:部门内同事的邮件要回复并处理。不认识发件者的邮件,工号靠前的,先查查对方有没有配秘书,配了就是大领导,马虎不得;没配秘书的,出于尊重(如共同打拼、素质良好、或许对方是业务骨干等都是尊重理由)也会回复。而工号靠后的,如果不是熟悉的哥们儿,则一律不予理睬。

华为员工王小乐(化名)2004 年进入华为。王小乐这样描述华为的"工号文化":"有事要发邮件,由于担心一般年轻员工都不理,就故意抄送给一个焊工房的女孩,一个操作工。她来得很早,几百号,一看同时抄送给她,所有人就回邮件(以为领导在关注了),非常重视。"

华为员工童小松(化名)说道:"记得有一次我找到公司专门预

订机票的部门预订机票，这个部门的服务员首先就是看工号，一看我的工号比较靠后，询问信息时就对我呼来喝去。而在此时，进来一位工号比较靠前的同事，这位服务人员立马热情异常。这让我非常郁闷。"

在 2007 年华为"7000 人集体辞职事件"中，华为公司要求包括任正非在内的所有工作满 8 年的员工，在 2008 年元旦之前都要办理主动辞职手续，竞聘后再与公司签订 1～3 年的劳动合同；废除现行工号制度，所有工号重新排序。001 号不再是总裁任正非的专属号码。

华为采取辞职再上岗的方式，其实就是核心高管们已经意识到"工号文化"的巨大危害。任正非以身作则，也就没有任何人敢提出异议。所以，实施这一政策的目的是企业内部自救式的改革。

末位淘汰制

末位淘汰制是绩效考核的一种制度。末位淘汰制是指工作单位根据本单位的总体目标和具体目标，结合各个岗位的实际情况，设定一定的考核指标体系，以此指标体系为标准对员工进行考核，根据考核的结果对得分靠后的员工进行淘汰的绩效管理制度。末位淘汰制的作用：一方面末位淘汰制有积极的作用，从客观上推动了员工的工作积极性、精简机构等；另一方面末位淘汰制也有消极的方面，如有损人格尊严、过于残酷等。

对"末位淘汰"最经典的解释是 GE（通用电气）前 CEO 杰克·韦尔奇所推崇的"活力曲线"（Vitality Curve）。在 GE，每年各级经理要将自己部门的员工进行严格的评估和区分，从而产生20%的明星员工（"A"类）、70%的活力员工（"B"类）以及10%的落后员工（"C"类），通常表现最差的员工都必须走人。就是这样一年又一年的区分与淘汰，提升了整个组织的层次，这也就是韦尔奇所称的"造就一个伟大组织的全部秘密"。

任正非十分认同韦尔奇的"活力曲线"。他说："有人问，末位淘汰制实行到什么时候为止？借用GE的一句话来说是，末位淘汰是永不停止的，只有淘汰不优秀的员工，才能把整个组织激活。GE活了100多年的长寿秘诀就是'活力曲线'，活力曲线其实就是一条强制淘汰曲线。用韦尔奇的话讲，活力曲线能够使一个大公司时刻保持着小公司的活力。GE能活到今天，就是得益于这个方法。我们公司在这个问题上也不是一个三五年的短期行为。但我们也不会草率对人进行评价，这个事要耐着性子做。"

末位淘汰制是一种强势管理，旨在给予员工一定的压力，激发其积极性，通过有力的竞争使整个组织处于一种积极上进的状态，进而提高工作效率和部门效益。在华为这样一个重视清除沉淀层的企业，自然十分重视"末位淘汰"。

任正非曾在一次内部讲话中指示："每年华为要保持5%的自然淘汰率。"

"末位淘汰制"与"裁员"有着本质区别。前者是为了激励员工，使他们觉醒，不要落后于时代；后者主要是企业为了摆脱包袱，迫不得已而采取的手段。前者过滤的是一些无法接受挑战，或不愿做出改变的人，后者很多时候是一刀切。

末位淘汰制的一个重要作用是给华为带来了活力。在华为，实施末位淘汰与其要求员工要保持强烈的危机意识，目的是一致的。"华为的危机，以及萎缩、破产是一定会来到的"，任正非在他那篇著名的《华为的冬天》中如是说。而当觉察到这种萎缩就要到来时，保持每年5%的自然淘汰率，比进行裁员更有利于华为的人员管理。

　　任正非认为，通过淘汰5%的落后分子，能促进全体员工努力前进，让员工更有危机感，更有紧迫意识。为了不被淘汰，员工就必须不断地提高自己，调整自己，以适应公司的要求和发展形势。而这种能上能下、有进有出的竞争机制也给华为带来了活力。任正非在其文章《能工巧匠是我们企业的宝贵财富》中写道："由于市场和产品已经发生了结构上的大改变，现在有一些人员已经不能适应这种改变了。我们要把一些人裁掉，换一批人。因此，每一个员工都要调整自己，尽快适应公司的发展，使自己跟上公司的步伐，不要被淘汰。只要你是一个很勤劳、认真负责的员工，我们都会想办法帮你调整工作岗位，不让你被辞退，我们还在尽可能的情况下保护你。但是，我们认为这种保护的能力已经越来越弱了，虽然从华为公司总的形势来看还是好的，但入关的钟声已经敲响，再把公司当成天堂，我们根本就不可能活下去。因为没有人来保证我们在市场上是常胜将军。"

　　对于被排在末位的员工，对于不能吃苦受累的员工，任正非的态度非常坚决：裁掉走人。在2002年的《迎接挑战，苦练内功，迎接春天的到来》一文中，任正非说道："排在后面的还是要请他走的。在上海办事处时，上海的用户服务主任跟我说，他们的人多为独生子女,挺娇气的。我说独生子女回去找你妈妈去,我们送你上火车,再给你买张火车票,回去找你妈去,我不是你爹也不是你妈。各位,只要你怕苦怕累,就裁掉你,就走人。"

在华为,被裁掉的人一般有两种:一种是无法接受华为的企业文化,没法适应快节奏、高压力、常加班的工作状态;另一种是在华为待的时间长了,工作能力和积极性下降,工作效率达不到要求。"末位淘汰制"还可以帮助华为招揽更多优秀人才。由于经济形势导致一些同行业公司破产或者裁员,致使不少优秀、熟练的人才流落到了市场上。而华为需要大量的优秀人才,所以华为严格执行末位淘汰政策,也有很大一部分原因是想要空出岗位,招揽这些能为企业立即带来效益的优秀人才。

华为采取末位淘汰制也非常有利于干部队伍建设。对于"老资格"的干部,任正非同样实施着严格的淘汰制度。他说:"我们非常多的高级干部都在说空话,说话都不落到实处,'上有好者,下必甚焉',因此产生了更大一批说大话、空话的干部。现在,我们就开始考核这些说大话、空话的干部。'实践'这把尺子,一定能让他们扎扎实实干下去,我相信我们的淘汰机制一定能建立起来。"

在任正非看来,末位淘汰制度有利于干部队伍建设,可以让员工更有效地监督领导干部,使领导干部有压力,更好地运用权力,使清廉而且有能力的干部得到应有的晋升。华为实行干部末位淘汰制,其目的也是在干部中引进竞争的机制,增强干部的危机意识。

作为一个庞大的集团,华为要想使其始终保持高速运转的态势,就必须构建一支优秀的管理队伍。因此,在华为,不管员工以前做过多么大的贡献,都不会享受干部终身制,而是坚持干部末位淘汰制度,建立良性的新陈代谢机制,不间断地引进一批批优秀员工,形成源源不断的干部后备资源;开放中高层岗位,引进具有国际化运作经验的高级人才,加快干部队伍国际化进程。

2013年第三季度,华为实行了一项政策,那就是"中层员工每年末位淘汰5%,基层员工末位淘汰10%"。任正非认为,所谓的"金融危机"还没有完全爆发,"财务曾算过账,华为公司的现金够吃3个月,那第91天时,华为公司如何渡过危机呢"?任正非指出:"在这个时期,我们首先要坚定不移地贯彻干部的末位淘汰制。现在我们强调代表处代表和地区部总裁要实行末位淘汰,大家要比增长效益。"坚持从战略贡献中选拔出各级优秀干部。任正非特别提到,华为的干部获得提拔有两个充分必要的条件,既要能使所在部门盈利,又要有战略贡献。"如果你不能使这个代表处产生盈利,我们就对你末位淘汰;如果你有盈利,但没有做出战略贡献,我们也不会提拔你。"

第二节 轮岗制

轮岗制是华为实行的一种体验式的快速学习方式。从培养人才的角度看,华为对人才的定义是全面的,即适应力强的综合素质高的人才。从管理者的角度来看,华为培养的是随时可以带领这个团队的管理者。因此,这种制度能够保证华为在未来的发展中不会依赖于某个个体的超强能力，而将以团队的力量维持组织的生存和发展。

华为从 2018 年开始采取轮值董事长制度来管理公司。轮值董事长制度前身是轮值 CEO 制度，这种制度从某种意义上保证了华为在动荡的外部环境里保持高速前进而不会受到任何内部干扰的状态。

轮岗制

一些国际知名企业都在采用轮岗制度，其目的在于培养人才，增强员工技能，减少员工因常年做一种工作而产生的枯燥感。

在华为，几乎所有员工都有过轮岗的经历。一般华为员工工作 1～2 年后就要换一个岗位，而且还有比这更频繁的。这样频繁地进行岗位调动，一方面是因为华为公司近些年来业务的急速发展，人员数量扩张得非常厉害，另一方面由于招聘的员工基本是大学应届毕业生，根本无法知道谁在什么岗位上是最合适的，因此轮岗制度可以使员工各得其所。

另外，华为的管理者看到企业部门与部门、人与人之间的信息交流和相互协作出现了问题。用企业员工自己的话说就是："总部一些制定政策的部门不了解一线客户需求，出台的政策很难执行，瞎指挥。""服务部门和事业部有隔阂，话说不到一块儿去。"没有切身的体会是很难做到换位思考的，轮岗制正是解决这个问题的良方。

同样，在岗位上已经工作了一段时间的员工进入一个新的领域其实并不困难。华为在考虑了员工的学习能力和工作表现后，会让他进入一个崭新的岗位。比如，本来在机关从事管理的岗位，突然换到市场从事一线销售的也大有人在。华为这样做更多的是希望员工通过丰富的职业经验来拓展他们职业的视野以及事业发展的宽度。

2014年获得华为公司"蓝血十杰"荣誉称号的邵莉，1999年于武汉大学数学系硕士应届毕业就加入华为，第一份工作是计划员，随后在供应链计划调度、订单管理领域不同岗位承担不同性质的工作，先后作为业务骨干和专家参与了多个变革项目方案设计，主导并亲自参与了华为全球订单业务模式、流程IT、组织和人才队伍的构建。经过十多年不同岗位的磨炼，如今的邵莉被华为同事亲切地称为"全球订单管理优化大师"。在华为这些年，邵莉见证和参与了华为订单履行业务从中国向全球、从单工厂到多供应中心、从手工到自动化、由纸面订单到电子订单发展的全过程。如果没有当计划员的这段基层工作经验，邵莉就不可能创新提出备货订单概念。她将一个庞大的订单按照设备台套拆分成一个个机动灵活的备货订单，作为生产备货的基本运作单元，每一个备货订单都包含了设备、发货地址、运输方式，以及作为产品线收入成本核算的财务编码等信息，直到今天仍然是整机装配、理货包装的基本运作和管理单元。在IFS上线之前，备货订单也是工程安装完成率的基本统计单元。备货订单的诞生保障了从订单生成到理货包装、要货信息在各系统自动按部就班走下去，不需人工干预，如静水潜流。

随着华为1P1C（一个采购订单一个合同）业务的推行，订单和合同一一对应，简化了开票流程之余给出口报关带来的一定影响。随着华为的国际业务迅速增长，报关成本剧增，业务运作柔性变差，出口及时性受到挑战。通过对出现问题较多的合同场景分析，并参考业界实践，邵莉大胆提出构建海关"大合同"方案，全球大部分客户都是跟华为国际签订买卖合同的，所以在深圳出口报关的时候，将不同客户的多个合同打包成一个华为技术和华为国际之间的内部合同，作为出口报关单位，出口由多个客户合同简化成一个内部合同。方案确定后，邵莉一鼓作气，牵头税务、法务、国际运输和海关办公室一起完成从业务流程到IT系统以及各类内外部单据的设计。大合同方案的创新提出，既遵守海关等部门的管理规范，又保障发货及时性，并降低了报关成本，提升企业出口效率，支撑华为公司每年上百亿元的贸易出口。

邵莉的经历，恰恰说明轮岗制的重要性。轮岗制可以丰富员工的实战经验，拓宽视野，做出更高水平的管理创新。

正如华为前人力资源总裁张建国所说："一个人在一个岗位干的时间长了，就会有惰性，产生惯性思维。但是到了新的岗位以后，会激活他的思想，大家一般都会想表现得好一些，所以在新岗位的积极性也会很高。工作几年以后，人到了一个舒适区，也就很难有创新了，所以一定要有岗位的轮换。在华为，没有一线工作经验的不能当科长。新毕业大学生一定要去做销售员，做生产工人，你干得好就提上来。"通过岗位调换，华为实现了人力资源的合理配置和潜力的激活，促进了人才的合理流动，使人力资本的价值发挥到最大。

2016年9月，时任华为常务董事、CFO的孟晚舟曾在清华大学招聘会上介绍华为轮岗制对跨界人才培养的作用："未来世界的创新点将越来越多地出现在边缘科学上，因此，我们也在培养跨界的人才。在华为，我们的人才培养机制是'打破专业界限''打破岗位界限'，通过人才的有序流动，跨岗轮换，培养面向未来的'之'字形人才。"

如果员工在某个岗位感觉不是很得心应手，华为会允许他再重新选择一个他认为更合适的岗位。当然，华为也提倡"干一行，爱一行"。为防止基层员工随意转岗，任正非指示有关部门，那些已经转岗的和以后还要转岗的基层员工，只要不能达到新岗位的工作标准，而原工作岗位已由合格员工替代的，建议各部门先劝退。各部门不能在自己的流程中有多余的沉淀。华为每年轮岗的人数不得超过总数的17%。他警告说，哪个部门的员工工作效率不高，应由这个部门的一把手负责任。

轮值董事长制度

2018年开始，华为采取轮值董事长制度来管理公司。它的前身是华为的轮值CEO制度，而华为的轮值CEO制度是由EMT（Executive Management Team）经营管理团队演变而来的。

2003年下半年，基于建立集体决策机制和培养接班人双重考虑，任正非在 IBM 顾问的帮助下建立了 EMT 经营管理团队，由 8 位 EMT 成员集体决策，轮流执政，每人半年。经过两个循环，演变到 2011 年，华为的轮值 CEO 制度正式形成。

华为可能采取"群体接班"方式。实际上这种猜测的基础是华为的股权结构。根据 2010 年 4 月华为对外公开的股权结构显示，截至 2009 年 12 月 31 日，华为控股的股东包括深圳市华为投资控股有限公司工会委员会和任正非，前者的持股比例为 98.58%，任正非持股 1.42%。任正非曾在早年间就提及："使企业从必然王国走向自由王国，建立起比较合理的管理机制……慢慢地淡化企业家对企业的直接控制。"正是这样的思想，华为建立了著名的华为员工持股会 EMT 经营管理团队。

EMT 在华为具有最高决策权。观察人士就此猜测，此举是任正非由个人意志向"群体接班"转变的一种过渡。

据《军人总裁任正非》一书记载，2005 年，华为成立了日常最高决策层 EMT 经营管理团队，由孙亚芳董事长、任正非总裁以及 6 位分管不同领域的副总裁组成，构成群体决策的民主机构，并推行了"轮值主席"制，由不同的副总裁轮流执政，每月定期商讨公司战略决策。EMT 团队具有最高决策权，作为总裁的任正非也只是执行其决议。华为开始从任正非个人主导型的管理模式走向 EMT 的管理模式。华为新的使命与战略已经开始摆脱任正非的个人意志，体现出 EMT 团队的意志与价值诉求，更加具有全球视野和国际化思维，变得更加开放、兼容。华为 EMT 成员大都低调而沉稳，在华为内部，"接班人"的话题也就此淡化。

这种制度的最大好处在于，组织的整体性得到最大限度的保障。有员工评价华为的这种制度，就像每个人都是这个庞大机器里的一颗螺丝钉，你的离去与否对这个机器的运转不会带来任何影响，随时会有合适的人补充你的岗位。所以，这种制度从某种意义上保证了华为在动荡的外部环境里，保持高速前进而不会受到任何内部干扰的状态。

同样，EMT的决策轮岗制度也充分保证了华为贴近市场，提高决策质量的导向。这种制度是趋于扁平化的管理制度，减少了传统管理金字塔架构所导致的管理层和一线、市场脱节，同时降低了个体的决策权力，而增加了群体的决策力量，从而强化了公司一般决策的质量。

2018年3月，华为举行了第三届持股员工代表会议，公布了新一届董事会人选：孙亚芳辞任董事长，梁华接任；任正非卸任副董事长，孟晚舟接任。同时，华为轮值CEO制度在这届董事会后终止，改用了轮值董事长来管理公司，由前轮值CEO郭平、徐直军、胡厚崑依次担任。华为2017年年报显示，华为轮值董事长的轮值期为6个月，未来5年按如下安排3位轮值董事长依次循环当值：

◆ 徐直军：2018年4月1日～2018年9月30日、2019年10月1日～2020年3月31日、2021年4月1日～2021年9月30日、2022年10月1日～2023年3月31日。

◆ 郭平：2018年10月1日～2019年3月31日、2020年4月1日～2020年9月30日、2021年10月1日～2022

年 3 月 31 日。

◆ 胡厚崑：2019 年 4 月 1 日～ 2019 年 9 月 30 日、2020 年 10 月 1 日～ 2021 年 3 月 31 日、2022 年 4 月 1 日～ 2022 年 9 月 30 日。

这种轮值制度可以降低部门间的沟通成本，提高团队协调的能力，培养了潜在的高层领导者。可以肯定地说，华为的发展得益于这种"头狼"文化所演变而成的轮岗制度。

第三节　非物质激励

需要是激励的基础和前提，人的需要的多样性自然导致激励方式的多样性。根据著名心理学家阿德佛 (Aldefer) 研究，人的需要主要包括生存、关系和成长三个层次。因此，我们可以将非物质激励方式划分为与此相对的三个方面，对于我们更好地认识和运用非物质激励形式是有益的。

◆ 与员工生存需要满足相对应的非物质激励方式，包括安全激励、公正激励、企业发展目标激励。

◆ 与员工相互关系需要满足相对应的非物质激励方式，包括沟通激励、尊重激励、信任激励、认可激励。

◆ 与员工发展需要满足相对应的非物质激励方式，包括事业激励、晋升激励、培训激励、参与激励等。

这三种层次的需要中,生存型激励形式是基础,关系型激励是保障,成长型激励是关键。而且,三种激励形式是相互依存的关系,缺一不可。

华为非常注重非物质激励对员工的积极作用,因为非物质激励可以满足员工深层次的需要。根据马斯洛的需要理论,在基本的生理安全需要得到满足之后,员工更关注尊重的需要、自我实现的需要、成就的需要。企业文化的凝聚力,荣誉的激励将使员工产生更大的内在的驱动力。

在安全激励方面,华为建立了完善的员工保障体系,为全球员工构筑起全覆盖的"安全伞"。全球各地突发的自然灾害、重大疾病以及一些地区不断恶化的安全形势等,都可能对华为员工的健康安全乃至人身安全造成重大影响。华为在任何时候、任何情况下,都坚持员工生命安全第一,并且倡导员工谨记"生命重于一切"的理念。华为致力于保障员工的健康和安全,并与国际大型保险公司、紧急救援机构合作,在全球范围内为员工提供 7×24 小时的保障,以保证紧急时刻能够争分夺秒地救治员工,减轻重大疾病或意外伤害给员工和家庭带来的经济上和精神上的压力,时刻关怀员工,履行企业义务。

员工保障由社会保障、商业保险及医疗救助三个部分组成。除了各地法律规定的各类保险外,华为还为全球员工提供人身意外伤害险、重大疾病险、寿险、医疗险及商务旅行险等商业保险,并设置了特殊情况下的公司医疗救助计划。通过社会保障、商业保险和医疗救助三种不同类别的保障机制有机结合的运作方式，有效解决了员工保障问题，消除了员工的后顾之忧。

从尊重激励和信任激励这方面看，华为对基层领导充分授权，取得很好的效果。任正非坚信，人是需要信任的，充分信任属下，属下才会取得喜人的成绩，信任从来都是成本最低的管理方式。

2011年3月，王晓杰从北京理工大学光电学院毕业以后加入华为，入职一年以来，她性格内向不爱表现自己。她的工作业绩不错，但远远谈不上优秀。2012年7月，组长忽然找到她，问她有没有兴趣加入华为一个新品牌的研发小组。在组长的鼓励和信任下，王晓杰毅然加入到新产品的研发团队。这个团队所研制的新产品便是华为荣耀3C。2013年12月，华为荣耀3C刚一上市，便引来消费者的疯狂抢购，取得了巨大成功。在荣耀3C优质屏幕开发中十分关键的OGS全贴合技术难关，正是王晓杰攻克的。

成长型激励，是非物质激励中最为重要的组成部分。本书后面有专门的章节介绍华为的培训激励。有研究表明，事业型员工希望自己一生能够在事业上有所成就，不愿意一生碌碌无为，为了事业的发展往往愿意忍受物质生活条件的不足。因此，在激励中要注意激发员工的事业动机，为他们事业的发展搭建成功的平台，使他们能够更好地致力于事业的成功，从而为企业发展做出更大的贡献。

华为对有事业心的员工总会提供更多的机会，鼓励他们不断挑战新的高度，最终让员工获得更快成长，从而让企业取得更高绩效。人力资源部罗志明的故事就是一个典型案例。

罗志明是华为人力资源部的一名普通员工。从按部就班、缺乏激情到后来的主动思考、积极创新，他提出用文档机器人来实现自动化办公的创意。"最出乎意料的是，我'简单'的方案竟然得到了领导'放手去干'的肯定回复。受到鼓舞的我真是要撸起袖子准备干了！部门没预算，我就全公司范围内找利益相关人，从利益相关人那里要预算；IT优先级不高，我就游说IT实施人和决策人，提升优先级。后来，对采购、招标一窍不通的我又开始了疯狂轰炸：苦口婆心找采购，各种升级、刷脸、拉通资源，使出浑身解数去推动，弄得自己焦头烂额。就这样，我陆续完成了采购、招标等方面的准备。几经波折，项目终于在2015年7月正式开工，我的'文档机器人'孕育之旅宣告启动。"罗志明对最初获得领导的鼓励和肯定一直心存感激。

他终于成功发明了文档机器人，实现了人事证明、劳动合同的办理自助化，合同签署只需要2分钟，证明开具仅需25秒，大大提高了办公效率。2016年12月，文档机器人正式上线，一年以来，业务办理量已突破5万份，被陆续推广到北京、上海等7个城市，办公效率提升明显，员工反响良好。罗志明凭借该项目为华为公司人力资源部申请了第一份发明专利，也荣获了公司法务部颁发的专利申请奖励。随后，罗志明又提出了"智能柜"的概念并主导落地，实现了护照、户籍、保障等HR材料的自助发放。上线12个月以来，自助发放量突破50000份，发放证件服务实现全天化，员工体验直线提升。2017年8月，基于大宽带、低延时的大视频技术洞察，他提出了窗口服务远程化思路，为HR服务提供了新技术和新工具。该创意方案获得华为公司idea大赛创意挑战奖，2018年重点推进，尽快实现HR窗口服务远程化。

罗志明从部门边缘人到总裁嘉奖令一等奖、公司级金牌个人奖获得者，经历了巨大的人生转折。他所获得的总裁嘉奖令、金牌个人奖，都是华为给优秀员工设计的荣誉。而罗志明最初获得领导的肯定和鼓励，属于事业激励和参与激励，是典型的非物质激励。

华为每年会评选一些优秀员工，授予其"明日之星""蓝血十杰"等光荣称号，可见华为除了给予工资、分红、奖金、补贴这些物质激励之外，也十分重视非物质激励。任正非对非物质激励有明确指示，要求非物质激励要系统性规划，不能光发个奖章，而是要有一套荣誉积累制度。

2013年3月29日，任正非在EMT办公例会上发表过这样的讲话："非物质激励要系统性地规划，俄罗斯在阅兵典礼上永远有一个老兵方队，这个很有震撼力，对军队的激励作用很大。我们现在开股东代表大会，英雄们坐那么长时间的飞机回来，讨论完分红后,说'你们走吧'。我们是不是也向俄罗斯学习,英雄们回来了,我们组织向他们汇报一下公司的战略,让他们彰显一下老战士的光荣?

"我们要建立一个荣誉累积制度,作战英雄得到的荣誉,累积起来对他们未来要有好处。比如在艰苦地区工作了,在健康保障上有哪些好处?要制订这么一个福利计划。这个计划从总包里面出钱,给了你就挤占了别人的,而不是额外增加。这样我们就让荣誉变成有价值的,光是在家里挂一个奖牌是不够的。假积极一辈子就是真积极。我们实行一系列的激励制度,能使得大家假积极一辈子就够了。"①

第四节　熵减:激活组织和组织的人

一切事物发展的自然倾向都是从有序走向混乱无序,最终灭亡。熵减这个概念来源于物理学。物理学有一个热力学第二定律,叫"熵增定律",说封闭系统的熵是一直增加的。也就是说,无效的能量一直在增加,如果不增加有效能量,能量就会变成零,最终系统就会熵死,人、自然界都是如此。比如,一杯加满冰的水,如果不做别的动作,很快就会化成常温水了。人也是一样,整天吃喝不锻炼身体,要健康长寿也是奢求。

---

① 《以奋斗者为本》,第114页,黄卫伟,中信出版社,2014年。

社会领域也是一样的道理。澳大利亚前总理陆克文写过一段话，他描述的应该就是熵：任何国家间关系的体系都会自然趋向混乱。任何国际秩序一旦建立，便会自然走向衰退和败落，最终回到无序状态。

回顾历史，国家间达成共识、建立秩序后，需要不断进行努力和投入，才能保持未来的存续，这个共同的努力和投入就是熵减。看中国，历史在什么状态下循环？革命建立王朝，然后王朝熵增衰败，又革命，又建立王朝，循环往复。由于封建王朝自身没有熵减机制，只能通过革命来做熵减。看欧洲，熵减是什么？也许是文艺复兴和工业革命，二者可能都是熵减的某种形式。

那么，企业有没有这样的规律？企业从创立，不断成长，然后成熟，最后衰退，也是这样的规律。很多大公司的倒下并不是因为被对手所击垮，而是由自身组织和人员的自大、封闭、惰怠等，在时代的风口失去了转向的能力。最坚固的堡垒都是从内部被攻破的，这个内部的"罪魁祸首"就是熵增。

任正非是最早把熵的概念引到企业管理中并系统阐述的企业家。2011年，任正非会见科技部部长时就阐述过，企业发展的自然法则是熵由低到高，逐步失去发展动力。如果不做功，企业的趋势就是走向灭亡。人的天性就是要舒服，企业想生存就要逆向做功，把能量从低到高抽上来，增加势能，这样就发展了。

2016年8月，时任华为公司董事、高级副总裁陈黎芳应全球顶尖名校伦敦政治经济学院（LSE）邀请，在LSE中国峰会发表主旨演讲，与中外嘉宾分享了华为对时代的认识以及人才观："过去资本雇佣人才，现在和未来，是人才雇佣资本。人才会起到更主导的作用，人才创造价值更大。资本需要附着在人才身上，才能够保值增值。基于这种看法和假设，华为也在探索，究竟用什么机制才能让人才创造出更大价值？我们的经验是，让人才在良性约束下自由发挥，创造出最大价值。这包含三个观点：一是炸开人才金字塔尖，与世界交换能量。二是鼓励探索，宽容失败。三是英雄不问出处，贡献必有回报。什么是良性约束？良性约束就是共同的价值观。在共同的价值观下，企业的愿景、使命和个人的追求契合在一起，让人才的创造有方向。人才有了方向引领，才能够奔跑得更快。在华为，我们的共同价值观就是以客户为中心，以奋斗者为本。"①

2017年5月，陈黎芳在松山湖高研班引导分享时，详细地介绍了熵的解药——华为活力引擎模型，也就是华为激活组织和激活组织的人的秘诀。

她说："在华为，有一个活力引擎模型，这是任总和思想研究院的同事们多次座谈、修正而成的。这个模型或许就是熵的解药。

"如何进行熵减、保持活力？首先是开放，最重要的也是开放。为什么开放是基础？比如，玻璃瓶里的昆虫，如果盖拧住了，无论昆虫如何努力，也是飞不出去的。热力学第二定律也指出，封闭的状态下必然熵死。因此，活力引擎模型上面的入口吸收宇宙能量，下面的出口扬弃糟粕。面对模型，模型右边列的是企业和个人的自然走向，是熵增的，是让企业失去发展动力的；模型左边列

---

① 《打开边界，与世界握手》，《华为人》第326期。

的是远离平衡和开放的耗散结构,是熵减的。我们持续进行的 IPD（Integrated Product Development,集成产品开发）也好,LTC 也好,这些流程都是熵减,目的是通过内外部的力量积累势能,去拓宽企业的作战空间或者生存空间。还有心声社区,也是开放思想的体现。当然,最重要的是活力引擎的核心——以客户为中心。它是整个企业发展和管理的轴心。GE 有一个'活力曲线',通过竞争淘汰来发挥人的极限能力,其实质也是熵减。只不过'活力曲线'是一个较微观、单一的系统,而华为的活力引擎则是一个涵盖企业发展宏观与微观、循环往复的系统。这是我对活力引擎模型的理解。"[1]

熵会伴随企业发展始终,像一些疾病一样无法根治。任正非也讲过,熵减就是激活组织和激活组织的人。华为如何熵减?就是逆向做功,激发正能量,坚持核心价值观不能变。具体来说,一方面是激活组织,另一方面是激活组织里的人。

激活组织方面,华为主要采取简化流程、饱和攻击、自我批判和战略预备队。

第一个措施是简化流程。华为发布了一个"1130 日落法"的暂行规定,核心内容是"每增加一个流程节点,要减少两个流程节点,或每增加一个评审点,要减少两个评审点"。这是华为在提醒自己,警惕管理过度、管理僵化、追求完美,而忘了管理的本质是为了商业成功。管理应该简单有效,加法和减法并行。

第二个措施是多路径、多梯次和饱和攻击。面对未来的不确定

---

[1]《熵减——激活组织和组织的人》,《华为人》第 332 期。

性，得有一个战略定力。华为既然认定未来智能社会需要巨大的信息流，需要突破的是宽带的低成本和网络的低时延。那么，该如何抓住战略机会点？就是多路径、多梯次和饱和攻击。多路径是指朝着一个方向，不会僵化；多梯次是防止组织性惰怠；饱和攻击就是密集弹药，把能力中心放到战略资源聚集地。通俗地讲，就是人才在哪儿，聚合人才的平台就在哪儿。支持同方向科学家也是熵减，而且华为不占有成果，是把别人当灯塔，既能照亮华为，也能照亮他人。华为改变研发投资结构，提高了不确定性研发投入占比，拓宽"金钱买知识"这条路，都是熵减的措施。

第三个措施是自我批判。自我批判是一种纠偏机制，绝不能丢掉，指的是要经常看到问题、面对挑战，然后变革自救。而且，变革要在日子好时进行，阻力最小，利益分配容易调整，变革容易成功。

第四个措施是战略预备队。任正非讲，战略预备队的循环流动是熵减。队员在训战中完成知识结构转变、技能提升、扩大视野、增加见识，组成一支拥有全新能力、钢铁般意志的新军。战略预备队也是公司摸索未来的组织形态和运作方式。陈黎芳说："以我自己为例，在公司工作22年半，头一次报名当什么官。我这次主动申请做战略预备队队长，最后公司批准我当平安城市场景分队副队长。对我个人来说，这就是熵减。"[1]

另一方面，激活组织的人，就是让组织里的每个人在最佳时间，

---

[1] 《熵减——激活组织和组织的人》，《华为人》第332期。

以最佳角色，做出最佳贡献。

对激活人来说，探索的过程是非常痛苦的，因为具体到每一个个体，做熵减就意味着要打破舒适区，要不断迎接新的挑战，要直面自己知识老化和能力衰退的现象，甚至要放弃很多既得的利益。这比组织的熵减更为困难，因为触及人性弱点乃至每个人的灵魂深处。陈黎芳从四个方面介绍了华为激活人的措施。

第一个措施是激发人的精气神，激发正能量、责任感，去克服人性的另一面。像硬币一样，人性有两面性，有自私的一面，也有充满同情心的一面；有惰怠的一面，也有勤劳的一面；有软弱的一面，也有勇敢的一面。金一南将军有一个观点，说人的血性是需要点燃和唤醒的。任正非这两年也经常说，要对员工破格提拔，每年多少多少名，就是希望每个人在最佳的时间，以最佳的角色，做出最佳的贡献，然后公司给予最佳的肯定和回报，形成良性循环。

第二个措施是吐故纳新。这个容易理解，金字塔塔尖那么小一点，能站几个人？把塔尖削平，平台大了，站的人更多，公司内外部的人都可以，领袖多几个，专家、管理者多站上来一批。这一定是一件好事。好处就是边界消失了，与外部能量交换也可以实现。

第三个措施是用合理的价值评价、价值分配来创造更大价值、撬动更大的价值创造，这就是熵减。陈黎芳强调："华为价值评价的标准不能够模糊化，必须要坚持以奋斗者为本，多劳多得。分配其实就是奖惩，你奖励什么，就会得到什么。人性必然有安逸和惰怠的一面，所以不能以人为本，而是用价值评价和分配做驱动力。当然，也要用内劲和使命感来对抗熵增。"①

最后一个措施是公开职级。公开个人职级是最近心声社区的热帖。既然是公开的，等于是每个人把责任扛到了肩膀上。对每个人来说是压力，也是动力。陈黎芳说："任总的一段话我特别喜欢，就是不要把精力、能量耗在埋怨上，没意义，而是应该向右看齐，看你前面的人，超过他。怎么超？还是凭责任贡献。公开职级带来的另一个好处就是，对 AT 管理团队的约束。管理团队要时刻提醒自己，职级是要公布出来的，不能拉帮结派、不能搞小团伙，这些事情都是熵增的现象。"②

第五节 内部创业

说到华为激活组织的创新做法，不可避免地要提及"内部创业"，虽然对这一说法，今天的华为已不再提及。

其实，华为最轰轰烈烈，也最令人唏嘘的，莫过于 2000 年前后华为提出的"内部创业"计划。所谓"内部创业"，并不是在华为内部进行一些另起炉灶的创业活动，而是真的有一批人离开了华为，他们的主要业务是承揽华为的工程安装与维护服务，以及少量产品的代理销售。之所以称之为"内部创业"，是因为华为给予这些离职创业的人一定支持和补贴。华为的"内部创业"以最年轻副总裁

---

①② 《熵减——激活组织和组织的人》，《华为人》第 332 期。

李一男的出走为始，以港湾惨败后被华为收购为终，可谓是其创新道路上为数不多的几个"失败案例"之一。

尽管华为的"内部创业"的设想没有达到最初的目的，但正如任正非在欢迎港湾的座谈会上提到的那样，"对这 5 年来说，没有你们离开公司，我们还发现不了公司这么多严重的问题"。[①]

2000 年，华为曾经高喊"内部创业"的口号。在这股浪潮的推动下，上千人意气风发地走出华为的大门，准备建功立业。任正非在《华为的冬天》一文中作了变革之前的总动员："今天要看到这个局面，我们现在正在扩张，还有许多新岗位，大家要赶快去占领这些新岗位，以免被裁掉。不管是对干部还是普通员工，裁员都是不可避免的。我们从来没有承诺过，像日本一样执行终身雇佣制。我们公司从创建开始就是强调来去自由。内部流动是很重要的，当然这个流动有升有降，只要公司的核心竞争力提升了，个人的升、降又何妨呢？'不以物喜，不以己悲。'因此，我们各级部门真正关怀干部，不是保住他，而是要疏导他，疏导出去。"

2000 年的下半年，在这一次人事变革中，华为出台了《关于内部创业的管理规定》：凡是在公司工作满两年以上的员工，都可以申请离职创业，成为华为的代理商。公司除了给予相当于员工所持股票价值 70% 的华为设备之外，还有半年的保护扶持期。

华为在此时推出内部创业有着更深刻的历史背景。2000 年是华为在 IBM 帮助下进行业务流程变革的第二个年头，华为正从职能型

[①]《华为试水内部创业始末》，马晓芳，《第一财经日报》，2012 年。

组织向市场导向的流程型组织转变。这种转变的结果之一就是管理层级的减少和中层管理编制的压缩。当时，在华为中高层干部中流传着一副对联"下岗下岗再下岗，裁员裁员再裁员"，横批为"精官简政"。因此，内部创业的举措，其真正的目的是以一种温和的方式有组织地实现新老交替。在这一次运动中，包括李一男、聂国良两位公司董事兼常务副总裁在内的数以千计的华为人，踏上了创业征程。

华为前人力资源部副总裁吴建国分析："任正非在欢送李一男的讲话中，把华为鼓励内部创业的目的概括为：一是给一部分老员工以自由选择创业做老板的机会；二是采取分化的模式，在华为周边形成一个合作群体，相互协作，一起做大华为事业。潜在的含义是希望通过创业员工的自我尝试，蹚出一条血路，弥补华为在分销渠道方面与竞争对手的明显差距。然而，任正非没有道出更深层的目的，就是实施第二次有组织的新老交替运动，将一部分老员工分流出去。"

华为将非核心业务与服务业务，如生产、公交、文印、餐饮以内部创业方式社会化。在具体实施上也制定了可行性措施，如规定：员工出去创办企业，华为可免费提供一批产品供员工所创公司销售，免费提供的产品价值 = 员工所持华为内部股价值 ×1.7。但同时，华为也规定，当员工"内部创业"的时候，如要拿到完整的与股权价值相匹配的现金，就必须接受华为的"审核"。所谓"审核"，是华为的一个内部规定，即当员工内部创业或者离开公司自己创业的时候，如要拿到完整的与股权价值相匹配的现金，就必须接受华为的考察，其条件包括创业公司的产品与华为不构成同业竞争、没有从华为内部挖过墙脚等。

此计划一出，当时离开华为并在华为企业网事业部登记的代理商达 400 家之多，这是组成华为创业系最原始的一拨人。

"内部创业深层次的含义是，华为正在实施第二次有组织的新老交替运动，将一部分老员工分流出去，减少管理层级并压缩中层管理编制。"华为前人力资源部副总裁吴建国说。

《华为公司基本法》起草人之一彭剑锋曾这样评论这一运动的意义："任正非采取内部创业的方式处理元老的出路问题是不错的途径，尽量避免树敌。在这种方式下，对元老不是'杀'而是'放'，给足创业者待遇、荣誉，但削弱、剥夺其权力。不赞同我的观点，你可以选择离开，我们还可以成为朋友，而不是敌人……"虽然其出发点是好的，但是"内部创业"后来的走势却是任正非没有预料到的。一些走出去创业的人后来与华为成为对手，抢华为的单子，挖华为的墙脚，甚至一批作为华为骨干力量的优秀人才也离开了，如李一男、毛生江等。尤其是李一男的出走，迫使华为研发体系不得不进行调整，在一定程度上导致了华为产品研发滞后。

从 2000 年到 2002 年，不断有员工从华为出走，严重地影响了那些留下来的员工的工作积极性。所以，华为的这个冬天可谓是内忧外患，也难怪华为上下的士气降到了冰点。

2000 年，任正非极力支持的内部创业对华为的军心和发展带来了重大的危害。为了挽回损失，任正非采取了许多"亡羊补牢"的措施。通过宣传鼓动、个别劝说以及物质激励等方法，让当时出走的很多人又回到了华为,其中就包括毛生江、袁曦等原市场部高层,甚至就连与华为打过股权官司的黄灿也回到了华为。

李一男创办的港湾为了自己的生存,开始与华为进行正面竞争。任正非也毅然决定"痛下杀手",成立"打港办"就是一个重要标志。凡是港湾的订单,华为无论花费多大的代价都要拿下。此外,华为还对港湾展开了知识产权诉讼,甚至阻挠港湾上市而发给纳斯达克的诉讼信,华为也难以洗脱嫌疑。

> 你们开始创业时,只要不伤害华为,我们是支持和理解的。当然,你们在风险投资的推动下,所做的事对华为造成了伤害,我们只好作出反应,而且矛头也不是对准你们的。
>
> 2001至2002年华为处在内外交困、濒于崩溃的边缘。你们走的时候,华为是十分虚弱的,面临着很大的压力。包括内部许多人,仿效你们推动公司的分裂,偷盗技术及商业秘密。当然,真正始作俑者是西方的资金,这些资金在美国的IT泡沫破灭中惨败后,转向中国,以挖空华为、窃取华为积累的无形财富的途径,来摆脱他们的困境。
>
> 华为那时弥漫着一股歪风邪气,都高喊"资本的早期是肮脏的"的口号,成群结队地在风险投资的推动下,合谋偷走公司的技术机密与商业机密,像很光荣一样,真是风起云涌,使华为摇摇欲坠。竞争对手也利用你们来制约华为,我们面对了资金、竞争对手更大的压力。头两年我们通过加强信息安全、交付件管理才逐步使研发稳定下来;加强市场体

系的干部教育与管理，使市场崩溃之风停住了。开了干部大会，稳定了整个组织，调整了士气，使公司从崩溃的边缘又活了回来。后来我们发现，并不是和你们竞争，主要面对的是资金和竞争对手。如果没有资金强大的力量，你们很难招架得住我们的竞争压力。

我们感觉到资金的力量与巨大的威胁，如果我们放弃竞争只有死路一条。如果资金以这样的方式在中国运作而获得全面胜利，那么对中国的高科技而言将是一场灾难，它波及的就不只是华为一家了。因此，放任，对我们这种管理不善的公司是一个悲剧，我们没有退路，只有坚决和资金作斗争。当然也要面对竞争对手的利用及挤压。因此，较大地挫伤了你们，为此我深表歉意。这两年我们对你们的竞争力度是大了一些，对你们打击重了一些。在这种情况下，为了我们自己活下去，不竞争也无路可走，这就对不起你们了，为此我表达歉意，希望你们能谅解。

不过华为逐鹿中原，也是惨胜如败。但愿我们摒弃过去，面向未来，取得双赢。

收复港湾时，任正非对双方的竞争直言不讳。2006年，华为收购港湾。轰轰烈烈的华为内部创业终于以这种惨烈的方式画上句号。所谓"内部创业"的说法，华为已不再提及。在华为的快速发展阶段，华为采用了拓展业务边界的方式以保持企业的持续前进，而不再采用内部创业的方式来激发日益沉淀的惰性和惯性。不过，在华为完成资本积累然后离职创业的人变得越来越多,创业方向也更为多样性,比如互联网、传统服务业以及公关咨询等行业。虽然这些企业都与华为没有任何关联,但将华为称为"人才的黄埔军校"也并不为过。[①]

[①]《华为试水内部创业始末》,马晓芳,《第一财经日报》,2012年。

任正非：华为员工分三类

我对人力资源管理对象的理解分成三类：

第一类，为普通劳动者，暂时定义为12级及以下普通劳动者。

对这些人应该按法律相关的报酬条款，保护他们的利益，并根据公司经营情况，给他们稍微好一点的报酬。这是对普通劳动者的关怀。

第二类，一般奋斗者，我们要允许一部分人不是积极的奋斗者，他们想小家庭多温暖啊，想每天按时回家点上蜡烛吃饭呀，对这种人可以给予理解，也是人的正常需要。

刚好我们就有一个小岗位在这个地方，那他可以坐上这个位置，踏踏实实做好小职员。对于这一部分人，我们有适合他的岗位可以安排给他。如果没有适合的岗位，他可以到社会上去寻求。只要他们输出的利润大于支付给他们的成本，他们就可以在公司存在。或许他的报酬甚至比社会上同等岗位人员的稍微高一点。

第三类，就是有成效的奋斗者。他们要分享公司的剩余价值，我们需要这些人。分享剩余价值的方式就是奖金与股票。这些人是我们事业的中坚，我们渴望越来越多的人走进这个队伍。

我们处在一个竞争很激烈的市场，又没有什么特殊的资源与权利，不奋斗就会衰落，衰落后连一般的劳动者也保护不了。我们强调要按贡献拿待遇，也是基于这种居安思危的考虑。我们从来不强调按工龄拿待遇。经常看到调薪的时候有人说：'这个人好几年没涨了，要涨一点工资。'为什么？这几年他的劳动质量是否进步了？他的贡献是不是变大了？如果没有，为什么要涨工资？我们有的岗位的职级为什么不封顶呢？要封顶。有的岗位的贡献没有变化，员工的报酬不能随工龄而上升。我们强调按贡献拿待遇，只要你贡献没有增大，就不应该多拿。我们公司把股票分给员工，大家不仅获得了自己劳动的报酬，甚至还获得了资本增值的报酬。这种报酬比较多，对公司的影响就比较大，有人就因此惰怠。

要防止在奋斗者这个层面也产生惰怠者。我们各级团队对优秀的奋斗者的评价不要跟着感觉走。判断这人是不是奋斗者，是不是有贡献，是依据他的表现，而不是依据公司的条文。他股票的总数应根据各级管理团队的评价，来确定他是否排在合适的队列位置，而不是迁就其资历。

三类人三种待遇。我们有些主管拿着僵化的文件比对，有的人奋斗得很好，但不符合条款上列的标准，他们就机械地把人狠狠地打击一下。这样的打击是错的。

这伤了他们的心，他们是拿着高薪冲锋有使命感的人，我喜欢这些人。

因此，文件的条款是严格的，但执行要灵活。各个部门如果认为对具体某一个人的评价不合理，就可以不执行公司的文件。你们要敢于为那些有缺点的优秀奋斗者说话。我今天要解释的地方就是，这些文件的条条框框与部门主管判断这个人是否是奋斗者发生冲突时，我们认为还是以你们部门说了算，我们这个文件导向是告诉大家以后的方向。

要在公司价值观和导向指引下，基于政策和制度，各级管理团队应实事求是，非僵化地执行、落实和操作，并对执行结果承担责任。同时，通过这样的过程，不断优化我们的政策。

（摘自2011年4月14日《关于如何与奋斗者分享利益的座谈会纪要》中任正非的讲话，题目为编者所加。）

延伸阅读2

烧不死的鸟是凤凰

一位在公司曾经一帆风顺的干部，2010年在东南非地区部被末位淘汰，后来选择到埃塞俄比亚迎接挑战，再次奋斗，对"烧不死的鸟是凤凰"有了刻骨铭心的体会。

从一帆风顺到末位淘汰

2001年，我以网优工程师的身份加入华为。2002年至2004年在国内办事处工作，以优异业绩完成了从网规网优经理、服务经理到客户经理的跨越。

2005年3月，我主动申请到刚果（金）拓展市场，在"机会"加"努力"的作用下，又完成了从客户经理、系统部主任到销售副代表的转身。刚果（金）6年的工作和生活，我伴随着公司的高速发展而成长，在不断突破海外市场的同时，也不断犯错、改正，总结经验和教训。在刚果（金），我经受了战乱的考验，还收获了自己的小家庭，算是"成家立业"了。

2010年年底，我的两位老领导、时任地区部两位副总裁跟我沟通：

我被干部末位淘汰了。平时都是我跟系统部主任们在沟通，并给他们鼓励，现在看来真是天大的讽刺！——一个被淘汰的人居然还在"培养"别人。太丢脸了！

而这个时期，家庭矛盾也正困扰着我，我甚至开始心灰意冷，觉得我的人生太失败了，一度有了离职的念头。

在徘徊煎熬中选择不放弃

我独自一人在河边走着，不断问自己：为什么是这个结果？以后怎么办……

虽然没有想清楚，但是，我并不服气！当我还浑浑噩噩沉浸在痛苦中时，老领导给我打来电话，让我去一趟埃塞俄比亚。埃塞俄比亚是公司级重点竞争市场，长期被友商独家垄断。难道是有新任务？

我不能让别人瞧不起，而且，我不能给一起奋斗的这么多兄弟姐妹树立负面的导向。这是个机会，是再次证明自己，再次爬起来的机会，我一定要抓住。没有更多思考，我答应了领导的要求，一周内赶到了埃塞俄比亚，开始新的战斗。一旦想清楚了，我决不犹豫。

这要感谢我的妻子。她在我最艰难的时候，放下对我的不满和抱怨，毅然支持我再次迎接挑战，并很快带着两岁多大的女儿来埃塞俄比亚跟我团聚，避免了我无限的牵挂和思念。

浴火重生

在埃塞俄比亚，我全身心地投入，并以更严格的标准要求自己。我的个人目标是：总结过往的教训和经验，务必拿下埃塞俄比亚市场，再次证明自己。跟埃塞俄比亚最初的6个常驻兄弟一起，我们面对的是友商死死封闭了整整4年的独家电信市场，虽然当地政府曾表示"我们是欢迎华为的"。

没有退路，我们迎难而上。在重大项目部领导、北非地区部和埃塞俄比亚代表处的指导下，我承担起项目团队的日常组织和具体项目运作工作，以及部分核心客户关系管理工作。我跟代表处的领导和兄弟们一起，开始全面梳理客户关系、分析竞争对手情况，发掘各种可能的机会点。在友商压制下，《潜伏》和《亮剑》被我们一遍又一遍地学习，我们活得越发精神。

功夫不负有心人。2011年8月初，任总访问埃塞俄比亚，受到鼓舞的我们把一线工作推向全面拓展的高潮。

交付的兄弟们很给力：不仅赢得了在网设备的服务水平总体领先友商的好口碑，提出的专业化的服务和解决方案也得到了客户的广泛认可；产品部的兄弟们很给力：每递出去一份技术材料，都打到客户的心坎里；客户线的兄弟人手有限，于是全员皆兵，并充分发挥本地核心骨干员工的能量，所有人都领回相应的客户关系任务，让客户关系拓展工作形成你追我赶、百舸争流的局面；代表处的领导很给力：亲自抓住高层核心客户关系，并广泛传递客户关系技能；地区部的领导很给力：总裁和几位副总裁三天两头来埃塞俄比亚现场支持项目、拜访高层客户。在大家的齐心协力、共同努力之下，我们全面完成了公司制定的目标，还获得了更大的市场份额。

继往开来，生活还在继续……

埃塞俄比亚的竞争激烈程度，跟刚果（金）市场不可同日而语。也正是这种激烈的竞争激发了我的斗志，也重新激活了自己：绝大部分时间，我都是跟项目组同事一起在客户那里度过，或者在办公室度过。我们不断反复研究客户关系，分析对手信息，并制定竞争策略，拓展客户关系。

在埃塞俄比亚，我也不断反思自己：在刚果（金）代表处6年，太久了，环境太熟悉了，于是我慢慢产生了惰性。作为销售副代表，没能抓住当时代表处缺少订货的主要矛盾，导致目标没能完成。在哪里跌倒就要在哪里爬起来！在埃塞俄比亚工作期间，我的目标感越来越强，公司交给我的重大项目和关键任务都能够顺利完成。

我在刚果（金）代表处的组织运作和经营管理的经验，在埃塞俄比亚代表处组建过程中找到了用武之地。在2012年初的北非地区部市场大会期间，我还把我的这些经营管理经验和模板带到地区部，得到地区部总裁、CFO等主管的认可。埃塞俄比亚新人多，大多没有做过大规模的项目，我就跟代表处领导一起，把客户关系和项目运作的经验在日常工作中例行传承和学习，并对重点员工言传身教。

在新的竞争形势下，我们还针对性地组织了红蓝军对抗、模拟演练等工作，以提高实战的成功率。在代表处组织的辩论、主管经验分享等多种能力提升活动中，我和大多数同事一样，都积极参与，学到了不少知识。

时间过得真快，转眼两年就要过去了，埃塞俄比亚的工作和生活场景如放电影般在脑海闪过：

还记得，在拓展低谷期间，几个领导一拍即合，召集大家去爬Entoto山。从海拔2300米到3500米，我们唱起高亢的歌，重整旗鼓；在山顶，我们指点着首都亚的斯亚贝巴的高楼绿地，表示要把我们最先进的基站放到这里、那里，大有"会当凌绝顶，一览众山小"的豪迈……

还记得，项目组熬了不知道多少个通宵，终于把几十箱标书装上8辆中巴车，在开道车和断后车辆的保护下，前前后后十几辆车招摇地打开双闪灯，浩浩荡荡开往客户总部大楼。路上的埃塞俄比亚人看到车头鲜艳的华为标志，竖起了大拇指……

也还记得，领导或严厉或温和地指出我这样那样的不足和毛病时，内心是多么的惭愧和自责……

当然也还记得，肖师傅和大隋在楼顶的烤羊肉，那是埃塞俄比亚一绝；还记得，每周六我们的足球队在Entoto山上的高原足球赛；还记得，埃塞俄比亚航空漂亮热情的妹子……

由于工作调整，如今我已离开了项目组，离开了我曾经一起生死拼搏的、心爱的兄弟姐妹们，我心中是多么的不舍！不过，生活还在继续，公司还会不断发展和壮大，我也还需要不断学习和提高。

在这个宁静的夜晚，我泡上一杯TOMACO咖啡，好好品味一下那句华为人说过很多遍的话：烧不死的鸟是凤凰！

（本文摘自《烧不死的鸟是凤凰》，尹玉昆，来源：《华为人》第258期。）

第五章
选人原则
——猛将必发于卒伍

一个企业如果想要发展壮大，靠的就是人才。人力资源部招到的人要符合公司的发展及企业文化，更多的是要为公司创造利益。招聘者如果不能达到这些要求会对企业财力及资源造成浪费，既浪费了公司的生命，也阻碍了求职者的发展。

华为认为，组织的扩张能否抓住机遇和能够扩张到什么程度，取决于公司的干部队伍素质和管理控制能力。华为的干部管理是"选拔制"和"淘汰制"，而不是"培养制"。华为强调，要从有成功实践经验的人中选拔干部，"宰相必取于州郡，猛将必发于卒伍"。没有基层实践经验的机关人员不能直接选拔为行政干部，不能让不懂战争的人坐在机关里指挥战争。是否具备基层一线成功实践经验、项目管理成功实践经验，是干部选拔的标准条件。[①]

华为公司在选拔干部时，第一看的是干劲。核心价值观是衡量干部的基础；品德与作风是干部的底线；绩效是干部选拔的必要条件和分水岭。从基层成长到中层，绩效和创造高绩效的才能是第一位的；从中层成长到高层，品德是第一位的。[②]

---

①②《以奋斗者为本》，第204页，黄卫伟，中信出版社，2014年。

第一节　招聘的七大原则与两个招聘途径

2016年9月26日晚，时任华为常务董事、CFO孟晚舟在百年清华大礼堂与800名学子进行了一场思想的对话。这是华为2017届校园招聘宣讲会的收官之站。孟晚舟激情洋溢地说："'大学之大在大师，企业之强在强人'。一个企业的强大，不在于收入强，也不在于是不是世界500强，而在于它能不能凝聚起全球顶尖的人才……在华为，我们不论资排辈，年轻也能当将军。现在的华为，60%的部门经理是'85后'，41%的区域总经理是'80后'，我们还有'80后'的地区部总裁。在华为，3年，从士兵到将军，不是神话。宰相必取于州郡，猛将必发于卒伍。华为在实战中选拔人才，通过训战结合培养人才。华为的英雄都是在泥坑中摸爬滚打出来的。"

此番讲话反映了华为非常重视人才的招聘，而且特别强调"在实战中选拔人才，通过训战结合培养人才"的原则。

在企业中，由于高层管理者之间存在着教育文化背景的差异，并因此影响了他们用人的理念，经常是人事主任推荐的候选人被用人经理否决，而用人经理看重的人又得不到人事经理的赞同。因此要想提高招聘效率，必须建立一个大家公认的招聘原则。

招聘的七大原则

华为认为，一个企业的招聘是否有效，主要体现在以下四方面：

◆ 是否能及时招到所需人员以满足企业需要。

◆ 是否能以最少的投入招到合适人才。

◆ 把录用的人员放在岗位上是否与预想的一致，是否适合公司和岗位的要求。

◆ "危险期"（一般指进公司后的六个月）内的离职率是否为最低。

根据以上四个要点，结合公司的具体情况，华为制定了一套详细的招聘原则，力求实现招聘效益的最大化。

原则1：最合适的，就是最好的

标准要求是具体的、可衡量的，以作为招聘部门考察人、面试人、筛选人、录用人的标杆。因为人才不是越优秀越好，只有合适的才是最好的。

在华为，所谓"合适"，其标准如下：

◆ 企业目前需要什么样的人？这是"软"的素质，由企业文化决定。即选人是德才兼备、以德为先还是以才为先？是强调个性突出还是团队合作？是开拓型还是稳健型？这主要侧重考察应聘者的兴趣、态度、个性等。

◆ 岗位需要什么样的人？这就是"硬"的条件，人力资源部门通过职务分析，明确该岗位的人需要具备的学历、年龄、技能、体能等。这侧重于考察应聘者的能力、素质等。

只有掌握了标准,招聘人员才能做到心中有数,才能用心中的这把"尺"去衡量每一位应聘者。否则稀里糊涂,根本没有办法从众多的应聘者中挑出企业所需要的人。更严重的是,若是经过"层层筛选"出来的优秀的人才,在试用一段时间后,被发现他原来并不适合本企业,那么将造成企业财力和精力的极大浪费。

原则 2:强调"双向选择"

树立"双向选择"的现代人才流动观念,与应聘者特别是重点应聘者(潜在的未来雇员)平等地、客观地交流,双向考察,看彼此是否真正适合。

在进行招聘的时候,华为会特别向招聘人员强调"双向选择"这一条,绝不像其他一些企业一样,为吸引应聘者,故意美化、夸大企业,对企业存在的问题避而不谈,以至应聘者过分相信招聘企业的宣传而对企业满怀期望。一旦人才进入企业,发现企业实际上并没有原先设想的那样好,就会产生失落、上当受骗的感觉,挫伤其工作积极性。因此,无论是在最初的招聘现场,还是最后一轮面试的双方交流,华为始终把彼此满意作为获取人才的基础。特别是在最后安排应聘者和相关负责人谈话和吃饭的时候,负责人会把发展前景、发展现状、普遍存在的问题等实事求是地向应聘者做客观的介绍。

原则 3:坚持条条都要有针对性的招聘策略

企业选人是讲求"实用性"还是为后期发展储备人才?不同的目的有不同的招聘策略。华为这几年的招聘主要是针对高校应届毕业生展开的,因此它更注重应聘者的发展潜力和可塑性,希望经过几年的培养，可以在将来用人的时候发挥作用。

如果观察华为的招聘信息，可能会发现，华为多数的招聘信息在经验的要求上都写着"不限"。这为应届毕业生提供了机会。应届毕业生好比一张白纸，更容易被企业的理念和文化所熏陶。假设招聘的是有工作经验的人，他们已经接触了社会，会有一套自己的对企业的理解方式，很可能会与华为想要打造的团队格格不入，甚至还会影响到团队的其他人。再者，应届毕业生精力旺盛，金钱对他们的吸引力极大，所以即使要求长时间处在工作岗位上，他们也很心甘情愿，因为企业提供足够高的薪资，他们对企业的黏性会非常大。

原则 4：招聘人员的职责 = 对企业负责 + 对应聘者负责

招聘人员既要对企业负责，也应对应聘者负责，要树立"优秀≠合适，招进一名不合适的人才是对资源的极大浪费"的观念。

在华为，招聘部门会在每年年初就主动地参与企业和部门的人力资源规划，深入一线了解企业内部人员流动去向，随时掌握企业在各阶段的用人需求，以采取合适的招聘策略，及时为企业输送所需人才。

原则 5：用人部门要现身考场

在传统观念中，招聘是人事部门的事，用人部门只管提出用人需求。实际上，只有用人部门对自己需要什么样的人最清楚，而且招进来的人的素质和能力直接关系到部门的工作成效。宝洁前任首席执行官说："在公司内部，我看不到比招聘更重要的事了。"由此可见，招聘不只是人力资源部的工作，而是上至 CEO、下至部门主管所有人的工作。在招聘的过程中，华为会要求具体的用人部门和招聘部门一起完成招聘工作，华为甚至认为用人部门对招聘的配合、支持程度，直接决定了招聘的成败。

原则6：设计科学合理的应聘登记表

有的企业会事先设计一张科学合理的应聘登记表，让应聘者填写企业需要特别关注的项目。通过面试前审查应聘者填写的资料，招聘企业可以淘汰一大部分明显不符合企业要求的人员，筛选出意向对象邀请其参加面试。

华为的招聘表格经过科学的设计，一张小小的表格就基本能反映出一个人的所有情况。例如，在华为的登记表格上把软件细分为系统软件和应用软件，大大降低了面试的时间。

原则7：人才信息储备就是给企业备足粮草

招聘实践中，常会发现一些条件不错且适合企业需要的人才，因为岗位编制、企业阶段发展计划等因素限制无法现时录用，但企业很可能在将来某个时期需要这方面的人才。华为绝不会轻易与这些人才擦肩而过，华为的人力资源中心会将这类人才的信息纳入企业的人才信息库（包括个人资料、面试小组意见、评价等），不定期与之保持联系，一旦将来出现岗位空缺或企业发展需要，即可招入麾下，既提高了招聘速度也降低了招聘成本。

华为公司每年都会从高校和社会上招聘大量人才。在招聘和录用中，招聘人员最注重应聘者的素质、潜能、品格、学历，其次才是经验。按照双向选择的原则，在人才使用、培养与发展上，提供客观且对等的承诺。华为有严格的面试流程，一般来说，一个应聘者必须经过人力资源部、业务部门主管等环节的面试，并由公司人力资源部总裁审批才能正式加盟华为。

为了保障人员招聘的实际效果，华为公司会在正式招聘之前建立一个面试资格人管理制度，对所有的面试考官进行培训，合格者才能获得面试资格。而且，公司每年对面试考官进行资格年审，考核把关不严者将取消其面试资格。华为认为，招聘人员是公司招聘人才的第一道门槛，如果这些人自身素质都很一般，那么是不可能指望他们能独具慧眼地选拔出公司需要的优秀人才的。

据华为一位前高管的研究，华为在选人方面有一项约定俗成的原则，即"寒门出身、心怀梦想、团队精神"。华为强调"胜则举杯相庆，败则拼死相救"，这些特质决定了华为人承受压力的韧性。①

两个招聘途径

华为同时具备了良好的声誉、丰厚的报酬和不可限量的发展前景，所以，每次只要是华为的招聘会，不管是在大学校园里，还是面向社会招聘，应聘者的比例与华为招聘人数总在50：1左右。

与 Google 充满了数学、猜谜与异想天开的招聘不同，华为的招聘考核内容总体上还是显得比较中规中矩。但是，华为的考核也有自己的特色，其针对大学生和有工作经验的人的不同特点，在招聘员工时对这二者的考核内容也不尽相同。

---

① 《华为的全员中产阶层路径》，长江商学院，2011年。

校园招聘：要的就是可塑性

单纯在校园招聘的时候，华为的考核主要分为笔试和面试两个方面。笔试不是考察大学生专业课的掌握程度，而是重点考察他们的能力和未来的可塑性，比如智商、情商、性格、心理素质、个人素养等。因为华为的校园招聘目标很明确，都是全国有名的重点院校，能考进这些学校并且顺利毕业，首先就说明这些人的智商绝对没有问题，而且基本的基础知识是掌握的，那么在专业基本相同的情况下，能力和素质就成了左右个人今后发展的关键。

笔试过关后的应聘者才有资格参加公司的面试。为了防止对应聘者的考察过于片面化，华为的面试一般都分三到四轮，由不同的面试官从不同方面进行考察。整个面试过程前后大概会持续四到五天，对于一些有特殊要求的岗位甚至需要更长的时间。最后决定环节的面试官一般都是应聘者所应聘部门中的中高层人员，得到他们的认可以后，才算是整个面试基本获得了成功。

社会招聘：专业能力是第一板斧

面向社会进行招聘的时候，华为主要侧重于考核应聘者对专业技术的掌握程度和实际操作能力。在这种招聘中，前来应聘的人员以前大多都担任过类似的职位，而华为在社会上招聘的大多也是需要能够尽快上手的岗位，因此相对于校园招聘，社会招聘的考题会显得较为专业化。例如，应聘技术支持岗位的时候，华为的考官会拿出好多套题目，你可以根据自己的特长选择，OS和数据库是必考的，OS是 NT、UNIX、Solaris，数据库是SQL Server、SyBase、Oracle、DB2。而在外资企业工作过的应聘者，华为一般都会先安排其进行外语交流，而很多考题也是用外语来提问的。

此外，在必要的时候，华为还会对社会招聘的人员进行信誉调查。如果该员工在原先的企业就不思进取，不讲团队精神，那么即使该员工的业务素质再过硬，华为也会毫不客气地将其挡在门外。这主要是因为这部分员工经过原先企业的锻炼，很多人都认同原企业的理念和文化，要在短期内完全理解并融入华为的文化相对比较困难，因而其可塑性自然没有刚刚走出校门的大学生强。所以，华为只选拔那些专业技术出众、品质良好的人才，使其慢慢在工作中建立起对华为的感情。

第二节　赛马文化，竞争择优

华为的文化是一种赛马文化，是"千里马"都要拉出来比赛，干部必须在跑得快的马里面选。同时，在地区部专业业务骨干的选拔上，给"小马"一些机会，也就是对于一些年轻的业务骨干可以破格提拔。

根据中国人民大学商学院黄卫伟教授主编的《以奋斗者为本》一书记载，华为的干部选拔实行"三优先"原则。

◆ 一是优先从成功团队中选拔干部。出成绩的地方，也要出人才。通过这样的政策培养起一大群敢于抢滩登陆的勇士，不断激活组织与干部体制。

◆ 二是优先从主攻战场、一线和艰苦地区选拔干部。优秀的干部必然产生在艰苦奋斗中,大仗、恶仗、苦仗一定能出干部。

◆ 三是优先从影响公司长远发展的关键事件中考察和选拔干部。所谓"关键事件"中的表现,主要是指组织利益与个人利益冲突时的立场与行为。

核心员工是那些在公司面对危机或重大内外部事件时可以信赖和依靠的员工群体,是一群与公司同呼吸、共命运,在各层各级各类岗位上忠实履行职责和持续奋斗的员工。责任结果导向中的责任不是空洞的、仅凭主观判断的,是可以通过关键事件客观评价的。

柳阳春就是一名从艰苦地区一路奋斗成长起来的华为基层干部。2007年10月,柳阳春入职华为。完成紧张的入职培训之后,便被分配前往非洲的尼日利亚。当时尼日利亚通信建设正在蓬勃发展,当地的分包商能力不足,需要华为工程师现场指导,于是柳阳春就被派到区域督导新建站点集成,"站点督导"是他来到非洲的第一个岗位。随着对业务的逐渐熟悉,他也快速成长起来,从最初的茫然失措到能够独当一面。为了走出舒适区,柳阳春主动申请做另一个项目的团队负责人。他顶住压力,边学习边交付,几乎每天都是凌晨4点钟完成割接(更换新的设备或者更换更好的线路),睡两三个小时,8点钟起来正常上班,为下一批的业务割接做准备。当第一批站点割接完成后，网络性能对比有非常明显的提升，客户之前的担心终于被打消了，对割接结果非常满意。

到了 2014 年，柳阳春获得第一次独立负责 Turn-Key 项目交付的机会，从提前介入到项目交付全程参与。他回忆道："这个项目让我学到了很多，也发现了自己的局限性：原来在做区域项目经理时，更多的是进行执行层面的工作，缺少对全局的思考，更没有意识到项目整体经营的重要性。而这次自己做项目 PD，才深切感受到什么叫项目是公司最小的经营单元。"当年底，该项目团队获得了华为公司的总裁嘉奖令。2016 年，柳阳春参与到 M 系统部的微波搬迁项目中，这个项目交付规模超过 10000 跳，这一次又是以创代表处纪录的交付速度完成了交付任务，助力客户达成项目目标。

柳阳春在非洲奋斗了十年，他从站点督导起步，到团队负责人，再到项目经理，一步一步地用出色的业绩获得职位的提升。在华为，有一大批像他这样的在海外一线作战成长起来的优秀干部，正是他们用青春和热血为华为的海外市场开疆拓土。任正非对这样的干部非常器重，他一再强调华为的干部要坚持从有成功实践经验的人中选拔。2006 年在华为年中市场工作会议上，任正非说："我们的干部也是在走出去的过程中培养起来的。这次在 EMT 会议上达成一致，为什么不能像解放战争时期的共产党那样，在火线上入党，在战壕里提拔？为什么一定要空投干部？为什么不在成功地区，对已经成功的员工进行直接提拔呢？大浪淘沙才是这个时代的本色与潮流，把资格、资历看得很重，终有一天要死亡。"

2009年，任正非在EMT办公会议上讲话时再次强调："我认为干部还是以成功的实践经验为基础，根据你对成功实践的总结，来看你成功实践的延长线，看你明天可不可能成功。在此选拔的基础上，再听你对明天的认识，进行第二次认证。"

任正非在2010年新年献词中如此说道："我们要坚持从成功的实践中选拔干部，坚持'宰相必取于州郡，猛将必发于卒伍'的理念，引导优秀儿女不畏艰险、不谋私利，走上最需要的地方。"

任正非为何如此强调一定要从有成功实践经验的人中选拔干部呢？他自有一套逻辑："很多人没有成功过，把握不住成功的突破口在哪里，就循环做功课，这样运作的成本很高。领导一定要感悟到哪里是主要作战方向，主要矛盾是什么，要怎么解决才能成功。我们要求干部要有基层成功实践经验，就是要求每个人都能抓住主要的东西，这样的工作效率最高，成本最低。"他甚至要求那些没有基层成功经验的机关管理人员必须去"回炉"，做小项目经理，做完小项目经理后，再评估一番效果，才算补完课。

第三节　团结合作精神

任正非这样教导新员工："华为公司是一个以高技术为起点，着眼于大市场、大系统、大结构的高科技企业。以它的历史使命，它需要所有的员工坚持合作，走集体奋斗的道路。没有这样一种平台,你的聪明才智是很难发挥的,并有所成就的。因此,没有责任心,不善于合作,不能集体奋斗的人,等于丧失了在华为进步的机会。那样,你就会空耗宝贵的光阴,还不如在试用期中重新决定你的选择。"

"胜则举杯相庆,败则拼死相救。"当华为还是小公司时提出的这个口号,如今已经成为华为的精神传承,与企业的艰苦奋斗精神相得益彰——团结起来、共同奋斗,就是华为的目标。作为华为的跨团队文化管理,这个口号一直在被强化,目的是希望打破流程中的部门墙,用制度来保证这种精神的延续,要让为全流程做出贡献的人按贡献分享到成果。所以说,华为的成功不是一个人的奋斗故事,是由于它拥有一个无私的领导层以及一大批不服输的团队。尽管不能保证人人都能成长都能成功,但是华为确实向每一位员工开放成长成功的机会。

2011年,华为内部文章这样指出:"华为文化的真正内核就是群体奋斗。所以你们如果将来想有大作为,一定要加强心理素质训练,要多边、多层次、多方位地沟通,要学会怎么做人。只有学会了做人,你将来才会做事。在关键时刻,你才会胜则举杯相庆,败则拼死相救。"

狼之所以能够在比自己凶猛强壮的动物面前获得最终胜利,原因只有一个:团结。即使再强大的动物恐怕也很难招架一个早已将生死置之度外的狼群的攻击。可以说,华为团队精神的核心就是团结合作。

早期华为人力资源总裁徐立新曾这样说过:"我个人认为(这是)

华为做得成功的地方。别人是百年的公司,你怎么比?我问英国电信的人,你可不可以分享你觉得华为跟你们公司差异最大的三点?他说:三点不分享了,我分享一点。我说:哪一点?他说:团队合作,我们跟你们的差别很大。我们的团队合作目标清晰、分工清晰、各司其职。你们的团队合作,直指一个目标,一群人上来打乱仗。

"后来我想,这话是褒还是贬?在欧洲新员工培训的时候,我说给他们听。他们说:这是有道理的。任务不能分清,不知道多少人完成,不知道张三李四做什么,目标只是拿下这个单,能做什么就做什么。只要看到对做成这件事有利,就去做。后来说的'无边界活动',就是类似这样的活动。

"当然分工太清楚了,就像铁路警察各管一段也不是什么好事。华为打乱仗有资源的损耗,但也有成功的地方。所以,我们市场部有句口号,'胜则举杯相庆,败则拼死相救'。一个项目不是一个人做成的,是很多人做成的。这跟行业特点有关系,一个项目是一个团队拿下来的,不是一个销售人员。有些企业的产品你卖多少就是自己卖的,我们的特点是团队运作,不是那么容易区分清楚的。"

华为在接待客户时的表现就很好地体现了这种"群狼"团队精神。客户关系在华为被总结为"一五一工程",即一支队伍、五个手段、一个资料库。其中五个手段是"参观公司、参观样板店、现场会、技术交流、管理和经营研究"。在华为,对客户的服务是一个系统,几乎所有的部门都必须参与进来。在这种团队精神的带动下,华为每次都能又快又好地完成一整套客户服务流程。

团队精神在华为体现为"忠诚、勇敢、团结、服从"。有这样一段关于华为的文字，将华为的团队精神所包含的对高度协作的不断追求做出了明确的阐述："他们的营销能力很难超越。人们刚开始会觉得华为人的素质比较高，但对手换了一批素质同样很高的人，发现还是很难战胜他们。最后大家明白过来，与他们过招的远不止前沿阵地上的几个冲锋队员，这些人的背后是一个强大的后援团队，他们有的负责技术方案设计，有的负责外围关系拓展，有的甚至已经打入了竞争对手内部。一旦前方需要，马上就会有人来增援。华为通过这种看似不很高明的'群狼'战术，将各国列强苦心经营的领地冲得七零八落，并采用蚕食策略，从一个区域市场、一个产品入手，逐渐将他们逐出中国市场。"

第四节　注重人的大节

1998年，华为管理层内部文章《以做实为中心迎接大发展》中这样强调："提拔干部要看政治品德。真正看清政治品德是很难的，但先看这人说不说小话，搬不搬弄是非，是不是背后随意议论人，这是容易看清的。（说小话、搬弄是非、背后随意议论人）这种人是小人，是小人的人政治品德一定不好，一定要防止这些人进入我们的干部队伍。茶余饭后，议论别人，尽管是事实，也说明议论者政治不严肃，不严肃的人怎可以当干部？如果议论的内容不是事实，议论者本人就是小人。"

任正非在文章《华为的红旗到底能打多久》中再次强调，选人要注重德。"对人的选拔,德非常重要。要让千里马跑起来,先给予充分信任,在跑的过程中进行指导、修正。从中层到高层,品德是第一位的,从基层到中层,才能是第一位的。选拔人的标准是变化的,在选拔人才的过程中,要重视长远战略性建设。"

在华为选拔中高层干部过程中,要求把干部个人品德看得高于一切。遵守纪律,有高的道德情操,忠于公司,忠于集体利益才是选拔的重要基础,而不能唯才是举。任正非在2004年三季度国内营销工作会议上这样讲道:"审查干部的标准,第一是品德。敢于到艰苦地区工作、吃苦耐劳、敢于承担责任等也是品德的一部分,不光老实是品德,品德的含义是广泛的,优先选择品德好的人做我们的干部。历史上太平盛世时期的变法大多数都失败了,特别是王安石,他选拔的干部大都是投机、吃里爬外的干部,后来就是这些干部埋葬了他的变法。所以,我们在太平盛世主要要选择品德好的人上岗,才能保证公司的长治久安。"

2004年,华为公司正处在一个顺利发展的时期,任正非再三强调使用干部要更加注重品德,那么这个品德应该包含哪些具体的内容呢?任正非明确地说:"这里说的品德不仅仅包括思想道德、生活作风,而是一个广泛的概念,还包括责任心、使命感、敬业精神、愿意到艰苦地区去工作,在磨炼中成长,以及管理好团队的能力。"

在华为后备队选拔时,品德和干劲是一票否决项;在华为大学培训和平时培养中,以技能和素质为主,品德贯穿始终。

2011年,任正非强调:"行政管理团队主要是管人。心理素质不好的人和生活作风有欠缺的人,都不要进入行政管理团队。他们可以做普通管理干部或业务专家。"

第五节　以全球化的视野选拔干部

截至2018年第一季度,华为有18万员工。18万员工具有165种国籍,其中有4万多外籍员工。那么,华为如何选拔干部才能满足企业国际化的需要?华为从2005年以后就强调以全球化的视野来选拔干部。

2005年,华为公司005号EMT决议明确写道:"为迎接公司国际化的挑战,在技术服务、供应链、采购、策略合作、品牌、海外公共关系、人力资源、商务等领域都要引进国际化、职业化的人才。引进高端人才主要是做种子,数量不一定多,关键是通过他们把整个体系的水平提升起来。人力资源部在薪酬政策和招聘上给予支持。"

那一年,华为将外部引进高端人才分为两类:一类是职业经理人进来以后担任行政管理岗位,挑担子,一起干活,共享胜利成果;另一类是种子,待遇较高,把队伍带起来。

而且,当时任正非已经预感到干部队伍建设是将来的瓶颈,所以在当年的华为EMT029号纪要上有这样一段文字:"干部队伍建设是将来的瓶颈,可从国外调有两年经验的人回来当用户服务、销售的机关干部。中高层干部全部要国际化,这样用两年时间可以实现用户服务、销售、财经干部国际化。"

此后的两三年，任正非对国际化人才队伍有更多深入的思考。一方面，随着华为海外业务的拓展，要实现服务本地化，就必然需要加大力度招聘本地员工；另一方面，海外的本地员工迅速增多，如何与华为总部进行有效沟通，这就产生了华为总部国际化的问题。因此，任正非在2007年提出加快对本地员工的提拔，缩减中国外派员工的数量。

他说："我们要加快本地化步伐，特别是要加快对本地员工的提拔。大家背井离乡地在海外奋斗，不会在这里定居50年，还是要有本地员工的支持的。服务肯定要首先本地化。我看爱立信的队伍，爱立信在委内瑞拉没有一个欧洲员工，全部是当地员工。问题是我们本地员工上来后，无法与总部沟通，这就是上层建筑出了问题，总部机关的落后状况要改变。以后一些老员工将来可以换回机关去做机关干部，把机关没有国际化经验的干部全部换到前线去。对以前一些从国外回来工作没有安排好，辞职走掉的员工，把他们请回来，以促进机关的国际化。公司一定要挤进国际化轨道。财务已经国际化了，接着供应链和GTS（全球技术服务部）全部都要国际化，而且要快速跑入国际化。"[①]

2008年，华为EMT纪要中明确写道："供应链、GTS要加快步伐，限期与国际接轨；积极引进具有国际视野的高端人才担任主管；供应链要引进日本、德国的高端人才做副总裁，审计要引入美国高端人才；2008年要努力做到各一级部门、地区部的ST（办公会议）

---

① 《以奋斗者为本》，第220页，黄卫伟，中信出版社，2014年。

都有外籍成员。"

2014年以后,华为成功登顶全球第一大电信设备商的宝座,同时迈入了"无人区",需要更多的英雄和优秀人才,以应对经营过程中的各种不确定性。

寻找人才也成为很多华为高管的内心呼唤。2016年,华为西欧地区部负责人彭博在《华为人》上分享了西欧地区部组建团队、招聘人才的经验,用一句话总结就是:找最懂当地业务的人,找最优秀的人。他说:"我们的业务已经非常多元化,尤其是企业网和终端在欧洲是一个海量的市场,但是我们的经验并不足以去应对。如果完全靠现有的组织自我学习,需要很长的时间,而且会走很多弯路,付出极大代价。最重要的是,当进入终端和企业网的时候突然发现,我们需要对当地市场有深入了解的人,这些人有我们很多优秀的外派员工不具备的、对当地市场和当地文化的理解。比如终端,谁最清楚当地的消费文化和习惯?谁最清楚当地的消费者?谁知道品牌的传播途径,甚至是当地的重大事件?以此类推,企业网也是如此。如何找到新领域里的'明白人',是我们加快新业务拓展的关键。"

彭博刚到欧洲的时候,做梦都是在找人才。他每次同客户见面,最后收官的话都是:"我们在建团队,你有没有熟悉的人推荐?"每次和机关或其他区域的同事见面或吃饭,他都问:"哎,最近有没有人出来?"想尽一切办法摸竞争对手的组织,看谁优秀,回中国自己做社会招聘,找在友商工作的优秀中国员工。总之,就是想尽一切办法把队伍建设起来,找来最优秀和最合适的人。彭博的这些经历,其实是大多数华为海外代表处负责人共同的经历。海外代表处要尽快本地化,就必须在当地找到最合适的人和最优秀的人加入团队。

任正非对作为一家行业"领头羊"如何才能更好地领导世界有独到的见解:"我们不能仅依靠中国去领导世界,我们不以消灭别人为中心,而是要利用世界的能力和资源来领导世界……我们在中国有庞大的研发中心,但不是那么有经验,效率不是那么高。如果不用世界高水平的人才,我们实际还是在低水平纠缠,重复建设和重复劳动多。我们缺少全局架构型人才,要坚持在有能力的国家加大合作。"[1]

---

[1]《以奋斗者为本》,第221页,黄卫伟,中信出版社,2014年。

任正非：为什么要自我批判

今天研发系统召开几千人大会，将这些年由于工作不认真、BOM（物料清单）填写不清、测试不严格、盲目创新造成的大量废料作为奖品发给研发系统的几百名骨干，让他们牢记。之所以搞得这么隆重，是为了使大家铭记，一代一代传下去。为造就下一代领导人，进行一次很好的洗礼。我今天心里很高兴，对未来的交接班充满了信心。

只要我们坚持自我批判，永不满足，你们火红的青春就会放射光芒，就一定会大有作为。

华为还是一个年轻的公司，尽管充满了活力和激情，但也充塞着幼稚和自傲，我们的管理还不规范。只有不断地自我批判，才能使我们尽快成熟起来。我们不是为批判而批判，不是为全面否定而批判，而是为优化和建设而批判，总的目标是要导向公司整体核心竞争力的提升。

我们处在IT业变化极快的十倍速时代，这个世界上唯一不变的就是变化。我们稍有迟疑，就失之千里。故步自封，拒绝批评，怛怛怩怩，就不止千里了。我们是为面子而走向失败，走向死亡，还是丢掉面子，丢掉错误，迎头赶上呢？要活下去，就只有超越；要超越，首先必须超越自我。超越的必要条件是及时改正一切错误。改正错误，首先就要敢于自我批判。古人云：三人行必有我师焉。这三人中，有一人是竞争对手；还有一人是敢于批评我们设备问题的客户——如果你还比较谦虚的话；另一人就是敢于直言的下属、真诚批评的同事、严格要求的领导。只要真正地做到礼贤下士，没有什么改正不了的错误。

如果没有长期持续的自我批判，我们的制造平台就不会把质量提升20PPM。中国人一向散漫、自由、富于幻想、不安分、喜欢浅尝辄止的创新，不愿从事日复一日重复的工作，不愿接受流程和规章的约束，难以真正职业化地对待流程与质量。不能像尼姑面对青灯一样，冷静而严肃地面对流水线，每天重复数千次一样的枯燥动作。没有自我批判，不能克服中国人的不良习气，我们怎么能把产品造到与国际一样高水平，甚至超过同行？他们这种与自身斗争，使自己适应如日本人、德国人一样的工作方法，为公司占有市场打下了良好基础。如果没有这种国际接轨的高质量，我们就不会生存到今天。

我们的管理系统是从小公司发展过来的，从没有管理到粗糙的管理；从简单的管理到IPD（集成产品开发）、ISC（集成供应链）、财务的四统一、IT的初步建设。公司正在与国际接轨，如果不是不断地自我批判，而老想着哪位领导制定的管理制度动不得，某某领导讲的话不能改，改动一段流程触及哪些部门的利益，导致要撤销××岗位……如果这些都不敢动，那么面对全流程的体系如何建设得起来？没有这些管理的深刻进步，公司如何实现为客户提供低成本、高增值的服务？那么到今天，市场产品竞争激烈，价格一降再降，我们就不可能再生存下去了。管理系统天天也在自我批判，没有自我批判，难以在迅速进步的社会里生存下去。

市场营销系统的自我批判，由于身处最前线，最敏感，也最活跃。只有自我批判，迅速地调整、改正一切必须改正的错误，否则就会被逐出市场。集体大辞职就是他们一次思想上、精神上的自我批判，开了公司干部职位流动的先河。他们毫无自私自利的伟大英雄行为，必在公司建设史上永放光芒。

今年他们又从过去的客户经理制转变到客户代表制。为什么呢？就是要加强自我批判。客户经理的目标很明确，是单方向的、推介式的。而客户代表呢？首先他们必须代表客户，代表客户来监督公司的运作。客户代表的职责就是站在客户的立场来批评公司。他不批评就失职；他乱批评，没有在整改中吸取教训，考评也不会好。他只有多批评，并实事求是，使批评的内容得以整改，他才会有进步。这样，我们一定能从客户代表那儿听到批评意见。

为什么实行这项制度呢？因为，我们常常听不到客户批评了。客户认为我们的员工太辛苦，工作中有一点点错，告诉公司怕影响他们的进步，有意见也不提了。久而久之，我们会认为太平无事，问题的累积则会毁坏整个客户关系。而客户代表则不同，他的职责就是批评公司，大到发货不及时、不齐套；小到春节期间装机，以为没人管，在机房吃了东西。只要我们时时处处把客户利益放到最高处，又善于解决存在的问题，那么客户满意度就会提高。提高到100%，就没有了竞争对手——当然这是不可能的。但企业的管理就是奋力去提高客户满意度。没有自我批判，认识不到自己的不足，何来客户满意度的提高？

研发系统这次彻底剖析自己的自我批判行动，也是公司建设史上的一个里程碑、分水岭。它告诉我们经历了10年奋斗，我们的研发人员开始成熟，他们真正认识到奋斗的真谛。未来的10年是他们成熟发挥出作用的10年，而且这未来的10年，将会有大批更优秀的青年涌入我们公司。他们在这批导师的带领下，必将取得更大的成就，公司也一定会在未来10年得到发展。我建议"得奖者"将这些废品抱回家去，与亲人共享。今天是废品，洗刷过我们的心灵；明天就会成为优秀的成果，作为奖品奉献给亲人。牢记这一教训，我们将享用永远。

我们将继续推行以自我批判为中心的组织改造与优化活动。我们也决定，要把现在的骨干培养为具有国际先进水平的职业化人才。我们希望一切骨干努力塑造自己。只有认真地自我批判，才能在实践中不断吸收先进和优化自己，才能真正地塑造自己的未来。公司认为，自我批判是个人进步的好方法。还没掌握这个武器的员工，希望各级部门不要再给以提拔。两年后，还不能掌握和使用自我批判这个武器的干部，请降职使用。

同时，我们也要告诫员工，过度地自我批判以致破坏成熟、稳定的运作秩序，也是不可取的。自我批判的不断性与阶段性要与周边的运作环境相适应。我们坚决反对形而上学、机械教条的唯心主义。在管理中，一定要实事求是，不要形左实右。

我们开展自我批判的目的，不是要大家去专心致志地修身养性，或是大搞灵魂深处的革命，而是要求大家不断地去寻找外在的更广阔的服务对象，或是更有意义的奋斗目标。因为你的内心世界多么高尚，你个人修炼的境界多么超脱，别人是无法看见的，当然更是无法衡量和考核的。我们唯一能够看见的，是你在外部环境中所表现出来的态度和行为，它们是否有利于公司建立一个合理的运行秩序，是否有利于去除一切不能使先进文化推进的障碍，是否有利于公司整体核心竞争力的发展。这就需要我们不断地走出内心世界，向外去寻找更为广阔的服务对象和更有意义的奋斗目标，并通过竭尽全力地服务于他们和实现它们，使我们收获一个幸福、美好、富有意义的高尚人生。

其实我所说的自我批判的根本意义，也就在于此。

（摘自 2000年第109期《华为人》，任正非在中研部将呆死料作为奖金、奖品发给研发骨干大会上的讲话。）

第六章
用人标准
——让听得见炮声
的人做决策

领导者和管理者应该深入现场，和客户打成一片，只有这样才能真正地了解市场，赢得市场。华为始终坚持着这种朴素的管理理念，因为唯有具备一线经验才能了解最真实的市场现况，才能帮助企业做出最合理的决策。

2009年新年伊始，任正非向华为全体员工发出了震耳欲聋的呐喊——"让听得见炮声的人做决策"。任正非在颁奖大会的讲话中特意强调："谁来呼唤炮火？应该让听得见炮声的人来决策。而现在我们恰好是反过来的。机关不了解前线，但拥有太多的权力与资源，为了控制运营的风险，自然而然地设置了许多流程控制点，而且不愿意授权。过多的流程控制点会降低运行效率，增加运作成本，滋生了官僚主义及教条主义。"

第一节 "铁三角"作战单元

过去在打仗的时候，前方的连长是没有权力做决策的，必须向师部请示。现代战争中，比如美国特种部队，只要三个人在前方就可以决策。由此任正非联想到了公司。公司大了以后，就有很多职能部门做决策，但由于听不到前方的炮声，效率很低，也做出了很多不正确的决策。中国的企业大部分是企业家们一手一脚打出来的，从小到大带上来的，企业家们开始在一线指挥，走到一定程度的时候发现自己管不过来了。这时候就要开始授权，授权以后往往发现授权过度了，资源不能充分有效整合，监控不力，下属也会犯一些错误。于是收回权力，由一个机构管理，就是所谓的"总部"。再走一段发现总部收得太多了，很多职能部门很官僚，不了解前方，又授权给下面了。中国企业大部分走到这个阶段了。那么，怎么在集权和授权之间找到平衡点？任正非给的答案是"让听得见炮声的人做决策"。

在华为，流传着一个关于任正非和郑宝用的故事。

1993 年的一天，郑宝用主持一次非常重要的研发项目立项评审会议。突然，郑宝用看到总裁任正非也来参加了，就跑过去对任正非说："任总，这个会你不用参加了，我会把结果告诉你的。"任正非听后，很平静地离开了会议现场。

1989～1995 年是华为发展史上最艰苦的时期，任正非的日子很不好过。如此重要的项目评审会议，任正非将最后的决策权交给郑宝用，甚至在公开场合说："郑宝用一个人能顶一万个。"

任正非认为，华为当时的情况是，前方的"作战部队"只有不到三分之一的时间是用在找目标、找机会，以及将机会转化为结果上，大量的时间用在了频繁地与后方沟通协调上。本应后方解决的问题却让前方协调，拖了前方的后腿，好钢没有用在刀刃上。

在任正非看来,那些长时间脱离前线的人已经失去了对"战场"的敏感,也失去了现场解决问题的能力。真正的决策权应交给那些听得见"炮声"的人。

2010年年初,任正非又一次明确表示,华为已从2009年展开了组织结构及人力资源机制的改革,意图从过去的集权管理过渡到分权制衡管理,让一线拥有更多的决策权,以便在千变万化的市场中及时做出正确决策。

"让听得见炮声的人做决策"的前提是,有一个价值导向的基层作战单元。

作为一个在市场经济中成长起来的民营企业,华为历经20多年的市场磨炼,应该说其一线基本作战单元已经具备了基本的价值导向能力。任正非说:

"努力做厚客户界面,以客户经理、解决方案专家、交付专家组成的工作小组为基础,形成面向客户的'铁三角'作战单元。(这个)基层作战单元在授权范围内,有权力直接呼唤炮火……一线的作战,要从客户经理的单兵作战转变为小团队作战,而且客户经理要加强营销四要素(客户关系、解决方案、融资和回款条件,以及交付)的综合能力。"

从这里,我们可以获得以下几个信息:

◆ 以客户经理、解决方案专家、交付专家组成的工作小组,形成的直接面向客户的"铁三角"作战单元,是华为公司最基本的一线作战单元。

◆ 这个基本作战单元已经基本具备了价值导向的决策判断能力，并在不断地强化着。

◆ 华为的系统、数据是支持这种对最基本的一线作战单元的价值导向考核的。

正是因为华为具备了以上几个必要条件，所以任正非才敢客观地说出"二十年来公司是实行高度的中央集权，防止了权力分散而造成失控，形成灾难，避免了因发展初期产生的问题而拖垮公司。但世界上没有一成不变的真理，今天我们有条件来讨论分权制衡、协调发展"。他说的这个条件至少包括上述三个条件，他才敢呼吁"让听得见炮声的人做决策"。[1]

第二节 在实践中获得提升

华为有一个选拔管理者的原则：凡是没有基层管理经验，没有当过工人的，没有当过基层秘书和普通业务员的，一律不能提拔为管理层，哪怕是博士也不行。学历再高，如果没有实践经历，也不可能成为一个合格的管理者。

2000年，任正非在市场冲刺动员会上讲道："我们在职务上、待遇上、提升的机会上要向前方倾斜。因为前方碰到的例外情况比

---

[1]《"让听得见炮声的人做决策"——适合我们吗？》，史正军，网易，2009年。

较多，需要有经验的员工。我们不能光用技能去考核干部，机关干部天天受培训，当然技能会好，而天天在沙漠里打仗的干部技能肯定不会好。如何考核、选拔、培养干部，这是一个干部路线问题。如果我们不重视这些前方勇士，不给这些人培养机会，那么我们是在自取灭亡。因此，我们一定要给前线更多的机会。"

有基层工作经验的员工更容易被提拔为干部，这是华为的传统。任正非认为，有基层工作经验和管理经验的干部更了解员工的工作、生活状况以及想法，也更熟悉公司的企业文化。因而，华为确定了这样一条方针：从华为自己队伍里培养自己的骨干，即依据华为一系列管理制度和政策，靠自己的努力来培养管理人才。

任正非认为，对于大量的基层和中层管理人员，要坚持"从实践中来"的选拔原则。"现在我们需要大量的干部。干部从哪里来？必须坚持从实践中来。如果我们不坚持干部从实践中来，我们就一定会走向歧途。"

华为不断地将一批批高层干部下放到基层锻炼。经验和能力是干部必备的素质，而这种素质只能通过从基层一步一步做起来培养。

华为的调配和一般公司不同，往往不是把差的人调走，而是把最好的员工"发配"各地。一位华为的工程师在文章里写道："我们开始都不理解，为什么公司派最好的人去农村、去基地……后来终于明白了任总的苦心：只有最好的人去，才能有感受，有学习，真正了解基层，回来以后才能真正改进工作。"另一位员工感言："在华为的短短4年，我获得了难以想象的丰富经历，从研发，到市场，到服务。这在其他企业是完全不可能的。"

华为招聘的员工拿着工资到基层绝不是走走形式，去体会体会。新员工下基层一去就是数月甚至数年，而且那个基层岗位就是被下放员工的，把这个岗位做好了再说。华为的基层都是一些比较边远的地方，这和实习根本就是两回事。当初招聘进来时新员工的确有个工作意向，比如说做市场，但做市场也要先去装机，装完了再考核，考核合格也不一定就去做市场，还要经过综合评定。

在华为，不要说本科生，就是博士也要过这关。这不是形式，不是锻炼，这就是他的工作。华为前副总裁郑树生、徐直军等也是博士毕业就直接分配到基层，在一线开发时做出了杰出贡献而得到提拔的。在华为，博士身份唯一的特别之处就是在长达半年的实习期里，工资比本科生和硕士生稍微多点，此外与其他人都是一样的。

任正非说："实践是你水平提高的基础，它充分地检验了你的不足。只有暴露出来，你才会有进步。实践再实践，尤其对青年学生十分重要。唯有实践后善于用理论去归纳总结，才会有飞跃式的提高。有一句名言，'没有记录的公司，迟早要垮掉的'，多么尖锐。一个不善于总结的公司会有什么前途？个人不也是如此吗？"

《华为公司基本法》第七十二条中明确规定："没有周边工作经验的人，不能担任部门主管。没有基层工作经验的人，不能担任科以上干部。"显然，华为对于实践经验的重视非同一般。

任正非在其文章《不做昙花一现的英雄》中写道："各级干部都要亲自动手做具体事。那些找不到事又不知如何下手的干部，要优化精简。不仅要精兵简政，也要精官简政。我们要把没有实践经验的干部调整到科以下去。在基层没有做好工作的，没有敬业精神的不得提拔。任何虚报浮夸的干部都要降职、降薪。"

任正非要求，提拔的干部必须拥有基层业务经验。一切没有基层成功经验的，一律不得提拔和任命。在华为，没有一线经验的人不能直接做主管；没有一线基层实践经验的干部冻结调薪和饱和配股，要补基层实践课，三年之内没有半年基层经验也算没有一线经验。不能让不懂战争的人坐在机关里指挥战争。要号召所有管理骨干到前线去，去解决问题。

任正非深信，实践出真知，华为人已经拥有深厚的理论积淀，如果再经历一线"战火"的洗礼，就会得到突破，成为真正可用的人才。事实证明，任正非的观点是正确的。在华为，只有那些勇于实践并善于总结的人，才能找出自己存在的问题、原因，当他们及时更正后，便快速地成长起来。

张俊涛，一名入职华为15年的员工。他从仓库管理员做起，成为订单共享中心业务骨干，在配置打通箱单方案的实现，埃及、尼日利亚等国家特殊场景的方案适配和应用方面做出了突出的贡献，2015年获得破格升级。他的成功经验就是"做好每一件小事，小事坚持做，就有大收获"。2009年，张俊涛提出海外箱单的自动化方案，当时只是一个想法，得到公司领导的大力支持。2013年，他再次修改完善版本，最终上线实现了双赢。经过5年持续优化，自动化比率从最初的60%提升到目前的97%以上。他介绍说："随着自动化比率的提升，我们主动寻找机会，承接新的业务，虽然团队人数减少了 30%，但运作上并没有受到冲击。"

张俊涛的经历充分证明了任正非的那句话："实践后经过归纳总结，才会有飞跃式的提高。"

第三节　少将连长：破格提名权

在华为，一个电话就让员工飞到利比亚、阿尔及利亚、委内瑞拉等世界各个角落是常有的事，往往一去就是 3 个月至半年，而且是在最落后的环境做最艰苦的事。员工当然也可以选择不去，但"去，就是给你一个舞台，让你有机会学习成长；年底绩效好，还可以多认股，多分红，为什么不去呢"？"只有最优秀的人才能被外派到基层。"时任华为公司副董事长郭平说。

第 329 期《华为人》讲述了一名"7 年升 7 级"的华为"少将连长"刘翔的故事。在"碉堡"面前，他选择了到"五类"艰苦地区，去打一场前途未卜的攻坚战。有人问为什么，他说："不去的理由纵使有千万条，但是去，一条就够了，战场需要我。"

刘翔，历任 STC 系统部 & 沙特代表处重大项目部部长、巴林办事处主任、Ooredoo 集团系统部销售副部长。就在职业发展顺风顺水的时候，他选择去担任巴基斯坦 T 子网系统部部长、T 子网"炸碉堡"项目 PD。可谓"受命于危难"。这是一个非常艰巨的任务。

2016 年，他经过 10 个月的不懈努力，终于完成"炸碉堡"的任务。"一开始,我们从没有机会参与客户的无线项目,到如今,我们'插了一只脚进去',实现了无线格局的突破。可以说,我们的'炸碉堡'项目基本是成功的。"

刘翔是典型的"少将连长",他的成长经历也体现了华为超常规提拔优秀员工的管理特色。

任正非明确表示,要给每个轮值CEO每年50个破格提名名额,超常规提拔优秀员工,更好地激励员工。

任正非这样说道:"我们给每个轮值CEO每年50个破格提名名额,但真正的干部资格认证还是用原审批流程批准。没有限制片区总裁的提名数量。你流程外的提议也得走流程内审批。不批准,你可以选择再提议或放弃,但它一定会激活评价。当然,不是说你想提谁当炊事班班长都可以。进入流程一讨论,大家说:你把他变成班长后,周边人会受不了,他当班长是中将级别,拿那么多钱,我也至少是少将。提拔一个人的目的就是要激活一大片。我巴不得你想当少将。要当少将就要拿出少将的条件来。人的生命只有几十年,你只能在这个短暂时间内把自己培养成航母舰长。看干部就要看这个人的贡献是否达到标准。

"为什么不敢破格使用?为什么不学习美国军队?诺曼底登陆的时候,李奇微还是个少校,指挥82师的一个营。到朝鲜战场的时候,已经成了'联合国军'总司令。后来他接替艾森豪威尔任北约组织武装部队最高司令。短短八年时间就能有这么大的提升。为什么华为就不能这么选干部?我们还是要选一些战略狂人上来,才能占领战略要地。我想换干部，把余承东这样的人拉上去。人力资源能不能让余承东兼个副总裁？他去选干部，发现谁是千里马，就把谁用起来。华为公司已经没有秘密可保了，这个人靠得住、那个人靠不住的时代已经过去了。现在就是谁品德好，谁有能力，谁上去。当然你能力强但品德不好，我也不用你。"

2012年，任正非再次强调要破格录用人才："对优秀干部要敢于破格提拔。我们过去太强调公平了，我们现在已经有公平的基础了，接下来就是要敢于破格。基层员工摆平了，优秀的涨就涨了，有啥了不起的？本来世界就不公平，我们也不怕一般员工跑了。领袖型的人物你不抓紧时间提拔，等到上航空母舰的时候，他都弯腰驼背，指挥不动作战了。人的青春也就这么十几年。人力资源委员会在破格提拔上还是要敢于决策，这样才能留住人心，留住人。否则，像有的公司挖我们一个干部过去，就把国际市场做起来了。"

"今年持续进行破格提拔，在15、16级破格提拔三千人，17、18、19级两千人，其他层级一千人，就是要拉开人才的差距，让这些负熵因子激活组织。"2017年11月，任正非在华为《华为公司人力资源管理纲要2.0》第三次对标会上讲话时，特别提到破格提拔的具体数量。由此可见，华为在2017年的破格提拔人数总量达6000人。这些都是有成功实践经验的优秀人才，获得破格提拔将大大激发他们的工作积极性。

第四节　五级双向晋升通道

在有些企业里，经常会听到一些不易懂的头衔，像什么正部级设计师、副处级绩效主管、正科级业务员等。试着问个究竟，不外乎就是在具体职位前面加上了相应的行政级别。这样一来，地位和待遇等级都可以一目了然。

1998年之前的华为，就是这样的一种称谓模式。每到公司开会的时候，先要规定一下参会人员的级别范围，如科级以上或者处级以上等。不论你是管理人员，还是其他专业人士，只要满足相应的级别要求，都必须参加。如果不清楚自己是否符合参会条件的话，可以先去问一问上司。

伴随着企业的发展，除管理层之外，也涌现出技术、营销、制造、采购、财务以及人力资源等方面的专业人士。和唯一的行政称谓比起来，叠加式的头衔已经进步了许多，至少承认了专业人士的基本地位，但还是没有完全跳出"官本位"思想的束缚。毕竟，享受某某级别的待遇与真正的某某官衔相比，总是会有低人一等的感觉。在许多专业人士看来，最好还能兼个科长、处长之类的行政职位，或者干脆直接转向管理职位发展，否则职业前景依然黯淡。职业发展既像是在登山，又像是在走迷宫。登山是指在层级式的组织结构中，越往上爬位置越少，还要同时顾及一不留神摔下去的危险；而走迷宫就是有许多条通道可供选择，但很难辨别到底哪条路径正确，毕竟走错路或回到起点的情况也时有发生。

传统的职位价值评估基本上可以解决专业人士薪酬待遇方面

的问题，但是，是否拥有与自己能力相匹配的明确身份，以及明确的专业发展方向也同样重要。如果这些问题不能得到妥善解决的话，企业要么很难培养出各类专家人才，要么无法长期留住这些专业人才。

要鼓励员工不断提高职业技能，首先要让他们明确知道自己职业发展的上行通道。华为在借鉴英国模式的基础上，设计了著名的"五级双向晋升通道"模式。

先梳理出管理和专业两个基本通道，再按照职位划分的原则，将专业通道进行细分，衍生出技术、营销、服务与支持、采购、生产、财务、人力资源等子通道。在这些专业通道的纵向，再划分出五个职业能力等级阶梯，如技术通道就由助理工程师、工程师、高级工程师、技术专家、资深技术专家五大台阶构成，而管理通道是从三级开始，分为监督者（三级）、管理者（四级）和领导者（五级）。

在这个多通道模型中，每个员工至少拥有两条职业发展通道。以技术人员为例，在获得二级技术资格之后，根据自身特长和意愿，既可以选择管理通道，也可以选择技术通道发展。由于两条通道的资格要求不同，如果技术特点突出，但领导或管理能力相对欠缺的话，就可以选择在技术通道上继续发展。一旦成长为资深技术专家，即使不担任管理职位，也可以享受公司副总裁级的薪酬与职业地位，企业也得以留住一批具有丰富经验的技术人才。很多员工还可以选择两个通道分别进行认证，企业采取"就高不就低"的原则来确定员工的职级和待遇。

当时华为的常务副总裁李一男等一批技术领导就同时兼有技术和管理两个通道的等级资格。作为一名技术部门的管理者，一旦失去管理职位后，凭借其相应的技术等级资格，可以再转回到技术通道上发展。这就解决了管理队伍新老交替中"下岗干部"无法安置的问题。

这就和围棋运动一样。为了大致区分棋力的高下，围棋运动中将职业和非职业选手分为若干个段位。通过职业发展通道设计、职业能力等级标准制定和职业等级认证三个方面的制度设计，企业中不同类型的员工也可以拥有自己的职业"段位"，以及不断提升"段位"的机会。

这样，对于每一名员工而言，根据自身特长和意愿，既可以选择管理通道发展，也可以选择与自己业务相关的专业通道发展，从而妥善解决了一般企业中"自古华山一条路，万众一心奔仕途"的问题。

华为这样做，不仅避免了评价中的偶然因素，也符合职业发展需要持续一贯的原则，有效地摆脱了论资排辈的条条框框。"五级双向晋升通道"的精髓尽在于此：你努力，那就上；你不努力，那就下。

第五节　保持队伍的廉洁自律

2002年、2003年是华为最困难的时候。2001年李一男出走，从华为挖走了好几百位骨干，几乎掏空了华为的核心技术班子；同一时期，任正非的母亲出车祸身故，而任正非那时正陪着国家领导人在国外访问。当时，任正非母亲被送到医院治疗抢救，后来就去世了，给任正非的打击是非常大的：他的企业做那么大，到关键时刻，连母亲都照顾不了。

当时，任正非抑郁了一年，又得了重病，作为老板压力确实太大了。而且，那时候他觉得："我对员工这么好，权力、利益都给你们了，为什么还背叛我？"他想不通。那时真是他最痛苦，也是华为最危难的时候。那一两年他已经很少管公司了，基本上靠一个团队在管理。

华为高管团队都是自己培养的，不是空降，都是参加了当年《华为公司基本法》讨论的一批年轻人。团队全部是硕士以上学历，全部是名牌大学出身。

企业做大了以后，选高层干部一定要以德为先。因为高层干部掌握的资源太多，诱惑太大，必须自查自纠，每日三省吾身。利出多孔，肯定是大家都在割肉，不再进行价值判断，因为诱惑太大。

华为检查完干部，会让干部自己提出整改措施，然后继续干。这是任正非很懂人性、又很善良的地方。

早在 2005 年，公司高层就警觉到公司最大的风险来自内部，必须保持干部队伍的廉洁自律，并于 2005 年 12 月召开了 EMT 民主生活会。EMT 成员共同认识到：作为公司的领导核心，要正人须先正己，以身作则。会上通过了《EMT 自律宣言》，要求在此后的两年时间内完成 EMT 成员、中高层干部的关联供应商申报与关系清理，并通过制度化宣誓方式，层层覆盖所有干部，接受全体员工的监督。2007年9月29日，公司举行了首次《EMT自律宣言》宣誓大会，并将这项活动开展至今并制度化。

2013年1月14日，华为在深圳坂田基地召开了"董事会自律宣言宣誓"大会。"自公司建立起，华为就要求干部要严格自律，勇于自我批判，并提出要制度化地防止干部腐化、自私和得过且过。当我们的高层管理者中有人利用职权谋取私利时，就说明我们公司的干部选拔制度和管理出现了严重问题。如果只是就事论事，而不从制度上寻找根源，那我们距离死亡就已经不远了。"

"公司最大的风险来自内部，必须保持干部队伍的廉洁自律。要努力营造一种氛围，有利于大家团结合作。"自律宣言亦是任正非解决干部管理中面临难题时惯用的方式。但跟往年的自律宣言不同的是，2013年宣誓内容特别强调对高级管理者的约束："高级干部的合法收入只能来自华为公司的分红及薪酬，不以滥用职权、收受贿赂等方式获得其他任何收入。

"高级干部要有自我约束能力，通过自查、自纠、自我批判，每日三省吾身，以此建立干部队伍的自洁机制。高级干部要正直无私，用人要五湖四海，不拉帮结派，不在自己管辖范围内形成不良作风。"

公司最高管理团队举行自律宣言宣誓，表明了高层领导从自身做起，严格自律，众志成城，把所有力量都聚焦在公司的业务发展上的决心。

华为的终端业务在2014年发现了上亿元的受贿个案。

当时，华为主要有三大板块业务，包括通信网络设备（运营商)、企业网和消费电子。其中,消费电子业务发展迅速,华为手机销量已跃升至全球第三位,仅次于苹果和三星。

"华为手机业务发展很快,上游采购量巨大,有时不完全看价格,还要看质量,因此采购存在一定灵活性。"因为华为员工收入高,如果只是一点钱不值得这样做。当然,供应商、经销商也不敢得罪华为的采购人员。

华为对腐败是零容忍的。任正非强调,没有什么可以阻挡华为公司前进,唯一能阻挡的就是内部腐败。华为公司副总裁余承东在给员工的邮件中说,近几年来华为消费业务不断出现一些员工因腐败问题而掉队的情况,其中不乏一些名牌大学毕业生,因一时贪念拿了经销商的好处费而"身陷囹圄,名誉扫地"。他劝告已经走错一步的员工,务必放下包袱并主动申报自己的问题,"这才是自我救赎的唯一途径"。与终端业务一样,企业业务也是华为发展迅猛的新兴业务,同样是腐败的重灾区。

华为反腐活动涉及面之广、程度之深前所未有。用华为的话说是"有必查,查必彻"。华为人以"历任、多人、多家、团伙"来形容华为反腐形势的严峻。任正非表示,深感处在各种利益碰撞与诱惑的中心,唯有彻底抛弃一切私心杂念。只有无私,才能团结团队,才敢于改正自己的缺点,才能境界高远,包容一切需要容纳的东西。华为2011年才发展企业业务。企业业务比较特殊,不是直接面对客户,而要通过经销商来销售路由器、交换机和软件等。因为提供的是硬件加上软件的解决方案,没有标准定价,因此存在操作空间,行业内一般都有回扣、返点现象。思科在中国就曾撤掉一批涉嫌腐败的员工。①

2014年9月初,华为首次召开企业业务经销商反腐大会,通告反腐情况:截至2014年8月16日,已查实内部有116名员工涉嫌腐败,涉及69家经销商,其中4名员工已被移交司法部门处理。

2014年10月,华为反腐累计追回资金3.7亿元。华为董事会将3.7亿元用于奖励那些遵纪守法的职工。按照目前华为员工数,每位华为员工会获得数千元奖金。这笔追缴资金以奖金形式随11月份工资一起发放。

第六节 从"干部八条"到"十六条军规"

企业之间的竞争,其实质是管理的竞争。干部水平直接关系企业的管理成效,因此华为非常重视管理干部,努力实现管理干部与管理工具的最优匹配,以达到企业的最佳管理状态。

2013年6月27日,任正非在华为片区联席会议开工会上首次提出"干部八条"的要求,要求大家用8个月的时间消化学习这八条,改正自身存在的缺点。"干部八条"就是指任正非签发的华为公司2013年第241号文件,题目是《华为公司改进作风的八条要求——穷奢致极欲,极欲必败亡》。其具体内容如下:

---

① 《华为查实116名员工涉腐败,终端业务现上亿受贿案》,《第一财经日报》,2014年。

◆ 第一条：不搞迎来送往。不去机场、车站、码头等搞有别于普通员工的形式接送领导。不在酒店标准配置之外，额外增加接待内容，以免你的关心被误会为逢迎。

◆ 第二条：不给上级送礼（贺卡、邮件、短信、鲜花除外）。有上级参加的非因公就餐应由上级付账（AA制除外），更不允许以公费名义报销因私就餐费用。

◆ 第三条：不许动用公司资源及工作时间，为上级或其家属办私事。动用了公司资源，以及占用了办事人员的工作时间，必须要申报，受益人要承担直接和间接的费用以及办事人员的工资。不要让别人认为你的晋级晋职与此有关，而误解了你。

◆ 第四条：提高会议效率，能不开的会议尽量不开，少开会、开短会、讲短话，能够口头汇报清楚，就不要用胶片。优秀的指挥员已经将作战计划以及场景都融在脑子里了，随时随地都应能够迅速理顺思路，并口头汇报。如需胶片辅助，应自己准备。

◆ 第五条：不许私费公报，更不许由下级付费或代报、自己审批式的违规行为。虚假报销视为主动违规，视情节轻重，给予退赔、警告、降级、降职处分，因严重虚假报销而受降级降职处分的员工，饱和配股随之降低。

◆ 第六条：不许贪污受贿。凡贪污受贿（除主动坦白或自动往廉洁账户中退赃之外），一律冻结虚拟受限股，在贪污受贿问题处理完后，再行处置。直至移交司法机关处理。

◆ 第七条：不要只报喜不报忧，不许捂盖子，要敢于暴露问题，敢于担责。干部要讲真话，员工不准作假。

◆ 第八条：要尊重员工，不能训斥、辱骂员工，训斥了要道歉，辱骂了道歉要公开。反对"一唬二凶三骂人"的错误管理行为。

华为内部各个部门掀起学习贯彻"干部八条"的浪潮。"干部八条"既是对干部自身负责，也是对所带领的团队成员负责。在一线全情地投入到工作中，不动歪脑筋，以正直的姿态带领团队成员创造好的业绩，激发团队成员的正能量，靠着自己的能力和不懈的努力赢得奖励，在合法合规的道路上与团队共同赢取胜利。

经过几年的发展，在华为公司官网上显示的"干部八条"内容有所修订，具体内容如下：

◆ 第一条：我绝不搞迎来送往，不给上级送礼，不当面赞扬上级，把精力放在为客户服务上。

◆ 第二条：我绝不动用公司资源，也不能占用工作时间，为上级或其家属办私事。遇非办不可的特殊情况，应申报并由受益人支付相关费用。

◆ 第三条：我绝不说假话，不捂盖子，不评价不了解的情况，不传播不实之词，有意见直接与当事人沟通或报告上级，更不能侵犯他人隐私。

◆ 第四条：我们认真阅读文件、理解指令。主管的责任是胜利，不是简单的服从。主管尽职尽责的标准是通过激发部属的积极性、主动性、创造性去获取胜利。

◆ 第五条：我们反对官僚主义，反对不作为，反对发牢骚讲怪话。对矛盾不回避，对困难不躲闪，积极探索，努力作为，勇于担当。

◆ 第六条：我们反对文山会海，反对繁文缛节。学会复杂问题简单化，六百字以内说清一个重大问题。

◆ 第七条：我绝不偷窃，绝不私费公报，绝不贪污受贿，绝不造假，我们也绝不允许我们当中任何人这样做，要爱护自身人格。

◆ 第八条：我们绝不允许跟人、站队的不良行为在华为形成风气。个人应通过努力工作、创造价值去争取机会。

"干部八条"成为华为干部自律的具体准则，也成为华为对干部的基本要求，对华为干部队伍建设起到重要作用。

2017年1月，任正非签发了"012号"文件，题目是《十六条军规》，其具体内容却有二十一条。为何内容是二十一条呢？原来，在2016年8月，华为内部发布了《十六条军规（暂定）》征集员工的修改意见，然后进一步修订，最后于2017年初形成了如下二十一条原则，这可以看作是华为"干部八条"的升级版本。

◆ 第一条：商业模式永远在变，唯一不变的是以真心换真金。

◆ 第二条：如果你的声音没人重视，那是因为你离客户不够近。

◆ 第三条：只要作战需要，造炮弹的也可以成为一个好炮手。

◆ 第四条：永远不要低估比你努力的人，因为你很快就需要追赶他了。

◆ 第五条：胶片文化让你浮在半空，深入现场才是脚踏实地。

◆ 第六条：那个反对你的声音可能说出了成败的关键。

◆ 第七条：如果你觉得主管错了，请告诉他。

◆ 第八条：讨好领导的最好方式，就是把工作做好。

◆ 第九条：逢迎上级1小时，不如服务客户1分钟。

◆ 第十条：如果你想跟人站队，请站在客户那队。

◆ 第十一条：忙着站队的结果只能是掉队。

◆ 第十二条：不要因为小圈子，而失去了大家庭！

◆ 第十三条：简单粗暴就像一堵无形的墙把你和他人隔开，你永远看不到墙那边的真实情况。

◆ 第十四条：大喊大叫的人只适合当啦啦队，真正有本事的人都在场上呢。

◆ 第十五条：最简单的是讲真话，最难的也是。

◆ 第十六条：你越试图掩盖问题，就越暴露你的问题。

◆ 第十七条：造假比诚实更辛苦，你永远需要用新的造假来掩盖上一个造假。

◆ 第十八条：公司机密跟你的灵魂永远是打包出卖的。

◆ 第十九条：从事第二职业的，请加倍努力，因为它将很快成为你唯一的职业。

◆ 第二十条：在大数据时代，任何以权谋私、贪污腐败都会留下痕迹。

◆ 第二十一条：所有想要一夜暴富的人，最终都一贫如洗。

管理是永无止境的。华为的管理一直在不断地改进，华为对干部的选用标准也与时俱进。华为对干部选拔实行"赛马机制"，在竞争中择优；强调从有成功实践经验的人中选拔干部，实践是干部选拔的最高标准；管理干部必须具备全球化的视野，有全球化的实践经验；企业发展壮大了，更要强调干部队伍的廉洁自律。如此选拔干部，对华为成为世界级企业大有裨益，因为这些富有战斗经验、廉洁自律的干部队伍正是华为的中流砥柱。

华为董事会自律宣言

华为承载着历史赋予的伟大使命和全体员工的共同理想。多年来,我们共同奉献了最宝贵的青春年华,付出了常人难以承受的长年艰辛,才开创了公司今天的局面。要保持公司持久的蓬勃生机,还要长期艰苦奋斗下去。

我们热爱华为如热爱自己的生命。为了华为的可持续发展,为了公司的长治久安,我们要警省历史上种种内朽自毁的悲剧,决不重蹈覆辙。在此,我们郑重宣誓承诺:

1. 正人先正己、以身作则、严于律己,做全体员工的楷模。高级干部的合法收入只能来自华为公司的分红及薪酬,不以下述方式获得其他任何收入:

◆ 绝对不利用公司赋予我们的职权去影响和干扰公司各项业务,从中谋取私利,包括但不限于各种采购、销售、合作、外包等,不以任何形式损害公司利益。

◆ 不在外开设公司、参股、兼职,亲属开设和参股的公司不与华为进行任何形式的关联交易。

◆ 不贪污，不受贿。

高级干部可以帮助自己愿意帮助的人，但只能用自己口袋里的钱，不能用手中的权，公私要分明。

2. 高级干部要正直无私，用人要五湖四海，不拉帮结派。不在自己管辖范围内形成不良作风。

3. 不窃取、不泄露公司商业机密，不侵犯其他公司的商业机密。

4. 绝不接触中国的任何国家机密，以及任何其他国家的任何国家机密。

5. 不私费公报。

6. 高级干部要有自我约束能力，通过自查、自纠、自我批判，每日三省吾身，以此建立干部队伍的自洁机制。

我们是公司的领导核心，是牵引公司前进的发动机。我们要众志成城，万众一心，把所有的力量都聚焦在公司的业务发展上。我们必须廉洁正气、奋发图强、励精图治，带领公司冲过未来征程上的暗礁险滩。我们绝不允许"上梁不正下梁歪"，绝不允许"堡垒从内部攻破"。我们将坚决履行以上承诺，并接受公司监事会和全体员工的监督。

第七章
培训体系
——企业发展助推器

华为素有 IT 界的"黄埔军校"的盛誉。

《华为公司基本法》中说:"我们将持续的人力资源开发作为实现人力资源增值目标的重要条件。实行在职培训与脱产培训相结合,自我开发与教育开发相结合的开发形式。"为达到这样的目标和规范,华为建立了完善的员工培训体系,为员工创造了丰富的学习机会和良好的知识共享氛围。

第一节　人力资源增值

华为培养出来的员工在为华为创造出"爆炸式"高速成长奇迹的同时,也成为通信业各大企业争相追逐的对象。工作 1~2 年的华为员工,大多数人都接到过猎头公司的电话。中国人民大学教授、著名人力资源管理与管理咨询专家彭剑锋认为,在他所接触到的中国本土企业中,华为是在人力资源培训开发方面倾注热情最大、资金投入最多的公司。

至于原因,任正非在其文章《华为的红旗到底能打多久》中给出了解答:"华为公司十分重视对员工的培训工作,为此每年的付出是巨大的。原因一是中国还未建立起发育良好的外部劳动力市场,不能完全依赖市场解决人才培训问题;二是中国的教育还未实现素质教育,刚毕业的学生上手能力还很弱,需要培训;三是信息技术更替周期太短,老员工要不断充电。公司有多少种员工培训中心,我也不清楚。总之,员工之间的相互培训已逐渐形成制度。"

《华为公司基本法》第九条明确写道:"我们强调人力资本不断增值的目标优先于财务资本增值的目标。"第七十三条写道:"我们将持续的人力资源开发作为实现人力资源增值目标的重要条件。实行在职培训与脱产培训相结合,自我开发与教育开发相结合的开发形式。"为达到这样的目标和规范,华为建立了完善的员工培训体系,为员工创造了丰富的学习机会和良好的知识共享氛围。总结起来,华为的培训体系具有这样几个特点:

其一,培训规模大、系统完善。华为建立了一个全球性的培训中心网络,对全球数万名员工进行培训。华为的海外培训中心已达31个,覆盖拉美、亚太、中东、北非、独联体等地区。在国内,除了位于深圳的培训总部外,华为在北京、广州、南京、昆明、杭州和重庆等地都建立了区域培训中心。2014年,仅华为总部培训中心就进行了71848人次的员工培训,总培训时间达到104915.6天(1天以7小时计)。华为培训体系是一个"分类分层、系统完善"的体系,包括新员工培训系统、管理培训系统、技术培训系统、营销培训系统、专业培训系统和生产培训系统。

其二,培训方法和手段多样化。华为培训包括在职培训和脱产培训。包括华为大学在内的华为全球培训中心为员工提供了众多培训课程。华为还建立了一套有效的导师制度,每位新员工到岗后,部门都会安排一位资深员工作为其导师,在工作、生活等方面为其提供帮助和指导,以助新员工尽快适应华为。在新员工成为正式员工的前三个月里,导师要对新员工的绩效负责。同时,华为建立了3MS内部共享平台,该平台包含丰富的业务资料信息、案例、社区栏目和WIKI知识共享栏目等,为公司员工提供了便捷的在线知识共享和合作平台。此外,华为还以座谈会、老专家沟通与访谈的方式促进员工学习发展。

任正非在其文章《不要忘记英雄》中这样说道:"我们要特别对从前方回来的员工提供更多的培训机会,改进培训的手段,大力发展电化教学,使公司各种好的培训能普及到天涯海角。我们任何一个到前方去的技术与管理人员,都至少要抽一个小时在办事处讲一课。做不到这一点的,考核中的团结合作一项就要打折扣。每一个市场人员都要利用点滴时间自我培训,每天、每时,与每一个人打交道,你都是受着不同方位的培训,只是你不自觉罢了。"

其三,培训内容广而专。华为的培训内容涉及众多领域。以岗前培训为例,为了帮助新员工尽快融入华为,华为大学对新员工进行企业文化、组织流程、产品知识、营销技巧等多方面培训。此外,华为为不同的职业资格、级别及类别的在职在岗员工制订了不同的培训计划,有针对性地对员工进行技术、管理培训,为每个员工的事业发展提供有力的帮助。为适应国际化发展战略,公司要求广大员工学英语、懂英语。各体系、各部门根据自身业务状况,推出了相应举措和办法，包括联系外语培训机构开展集中培训、开办英语角、开发专业英语学习小册子、开展海内外员工轮换交流活动等。

其四，培训质量有保证。华为培训体系聚集了一流的教师队伍、教学技术和教学环境，拥有专、兼职培训教师千余名。这些教师都经过了严格的评估和筛选程序。他们中间既有资深的培训师，也有经验丰富的华为专家和工程师。这是员工通过培训获得工作相关知识技能的保障。

此外，华为还定期特邀业内权威专家及知名大学资深教授前来授课，以保证公司总处在最新技术、业务及管理科学发展的前沿。为使广大员工以更好的心态面对工作和生活，华为还聘用了一批德高望重的退休专家和教授来华为工作。他们拥有丰富的人生经验和科学的研究方法，通过思想交流和情绪疏导，他们能有效地帮助员工树立正确观念、掌握科学方法，促进员工成长、发展。[①]

第二节　新员工培训

随着华为招入的高校毕业生人数逐年增多，其对员工的培训越来越多，培训的时间越来越长，花费的成本也越来越大。同时，华为对新员工的要求也越来越严，每年被淘汰的人也不在少数。2001年左右，任正非曾专门谈过华为新员工的培训问题。当时，华为每

---

① 《华为员工培训体系及其启示》，邱海燕，《广东广播电视大学学报》，2011年。

年大约招聘 3000 名应届毕业生。为此，公司专门成立了新员工培训大队，分若干中队，由高级干部包括副总裁在内担任小队长。新员工实行封闭式学习，军事化管理，学习时间短则半个月、3 个月，长则半年、1 年。

华为对新员工的培训可以划分为三个阶段：入职前的引导培训、入职时的集中培训、入职后的实践培训。实践培训是三个阶段的重点。

入职前的引导培训

华为的校园招聘一般安排在每年的 11 月份，对拟录用的人员，华为会将他们安排到各个业务部门，并提前为每个人安排导师。为防止拟录用人员在毕业前这个阶段发生变化，华为要求导师每月必须给他们打一次电话，通过电话进行沟通，了解他们的个人情况、精神状态、毕业论文进展、毕业离校安排等，并对他们进行未来岗位情况的介绍，提出岗位知识学习要求等，为他们顺利走向岗位做好思想上的准备。

入职时的集中培训

新员工入职后，华为要对他们进行为期 5 天的集中培训，全部到深圳总部进行。这个阶段的培训时间已经比过去大大压缩，培训的内容侧重华为有关政策制度和企业文化两个方面。也就是说，作为一个新人，应该对华为了解些什么，应该清楚公司的政策制度为什么这样规定，应该清楚自己作为华为一员的基本行为规范，等等。

华为还有一篇《致新员工书》，是任正非在华为创业之初写的文章，把华为的文化和对新员工的要求全部融入其中。还有一部新员工必看的电影——《那山，那人，那狗》，讲的是一个山区邮递员的故事。影片倡导的敬业精神，正是华为追求的价值观。

在整个新员工培训的过程中，企业文化是首先要学习的，目的是让新员工从思想上统一认识。新员工在培训期间写的一些个人感受，后来被编成了一本书，名为《第一次握手》，成为新员工培训的参考教材之一。

华为对所有的新员工以同样的标准来要求，从一开始就培养其团结合作、群体奋斗的精神，提高集体奋斗的意识。真正工作后，会放松对个性的管理，适当展现员工的个性，有了这种集体奋斗的土壤，个性的种子才能长成好的庄稼。除刚毕业的学生外，一些从社会上招聘的员工也会接受时长不等的培训。

入职后的实践培训

在集中培训结束后，华为会针对新员工的工作岗位安排进行有针对性的实践培训。

华为有70%的业绩来自海外，但新进的营销类员工不可能立刻派去海外实践，必须在国内锻炼一下。公司会安排他们在国内实习半年到一年，通过这些实践掌握公司的流程，掌握工作的方式方法熟悉业务，过一段时间再派到海外去。

对技术类员工，会首先带他们参观生产线，让他们对接产品，了解生产线上组装的机器，让他们看到实实在在的产品。华为曾经调查过，发现很多员工不知道基站是什么样子。所以，要让他们接触产品，让他们参观展厅和生产线上组装的机器，让他们看到实实在在的产品。

在上岗前，研发类员工会被安排做很多模拟项目，以便快速掌握一种工具或工作流程。新员工全部在导师的带领下，在一线进行实践，在实战中掌握知识、提高自己。在入职之前，华为会组织导师和新人奔赴各地，参加软件训练营。在训练营，公司会将研发流程、研发规范、培训材料发给他们先自学两天，训练开始时会由专业讲师进行案例教学，帮助员工了解这些流程规范。之后，再用大约3天的时间去演练，并且会针对真实的场景和项目，让学生在机房里提前做编程。3天结束后，最后会针对之前培训的内容进行考核，检验其成果。①

第三节　华为大学"培养将军"

很多人都在思考华为辉煌光环背后的成功秘诀是什么，任正非的一句话很好地回答了这个问题："什么都可以缺，人才不能缺；什么都可以少，人才不能少；什么都可以不争，人才不能不争。"人才作为推动华为迅猛发展的力量源泉，人才战略作为贯穿华为成长的指路明灯，对成就华为的辉煌起到了关键作用。

---

① 《华为：如何让新员工融入"狼群"》，庄文静，《中外管理》，2014年。

而华为大学则是在人才战略指导下的重要布局，成为华为人才供给的"源头活水"。

华为在 2005 年正式注册了华为大学，为华为员工及客户提供众多培训课程，包括新员工文化培训、上岗培训和针对客户的培训等。华为大学是华为发展战略的重要组成部分，它不仅是企业内部人才培养体系的重要一环，还超越这一职能成为企业变革的推手以及外部企业（包括顾客、供应商、合作伙伴等）培训和咨询服务不可缺少的支柱。

"培养将军"一直以来是任正非成立华为大学的初衷。"你们是否能够喊出'这里是将军的摇篮'的口号？如果不这样，你们就脱离了这个时代，就像在世外桃源一样，就没有和现在形势的紧迫感结合起来，你们的重要作用就没有得到公司各个部门的认同。"这是任正非对华为大学的要求。

变被动学习为主动学习

为了激发华为大学的学生主动学习，任正非甚至要求华为大学采取收学费的措施，这不同于一般企业大学的免费模式。

2011 年，任正非在华为大学干部高级管理研讨班上这样说道："恭喜大家成为华为大学第一届自费大学生。我们要继续推行这种路线，在公司内部，除了收学费，停产学习还要停薪；教材也要卖高价，你想读书你就来，不想读书你就不要来。交学费不吃亏，为什么不吃亏呢？因为学好了能力就提升了，出绩效和被提拔的机会就多了；即使没学好被淘汰了，说不定是现在退一步，而将来能进两步呢，所以投资是值得的。以后收费标准可能会越来越高，交学费、停薪就是要让你有些痛，痛你才会努力。我们这样做是为了增进三个造血功能：一是学习提高了你的能力，就好像你增加了健康血液；二是华为大学有了收入，会办得更好，它的血液循环更厉害，更优秀；三是公司得到了大量的后备干部，输入新鲜的血液。"

收学费的目的是要将以往的被动培养变为自我培养。2010年，任正非与财经体系员工座谈时说道："培养不是等待被培养，而是自我培养、自我成长。对选拔上岗的干部重点培训，有针对性地查漏补缺，让他们受到特别的关爱，不收他们一点钱，别人会心态不平衡，这叫'有偿培养'。要改变过去'单点输入'的培养制度，在干部选拔的过程中，触发有针对性的培养。"

通过主动学习方式筛选出来的，大多都是精英级别的人物，华为需要普通员工，但在未来的道路上更需要这类精英员工。任正非表示：

"华为大学就应该是个赚钱的大学。华为大学将来要想大发展，就一定要赚到钱，将来没人拨款给你。

"华为大学的老师在后备干部培养这一系中是组织者，不是传授者。如果他们是传授者，水平就限制在一定高度了。我们的学习就是启发式的学习，这里没有老师上课，只有'吵架'，吵完一个月就各奔前程，不知道最后谁是将军，谁是列兵。相信真理一定会萌芽的，相信随着时间的推移，会有香醇的酒酿成。

"当然不同的系，教学方法不一样。他们不一定采取案例讨论的方式，但在案例讨论冲击下的教师也会成为另一种将军，驰骋在讲坛上。"

华为大学优势

华为大学现已拥有内部专、兼职讲师 1700 余人，其中管理培训讲师 121 人、技术培训讲师 1599 人，可以用中文、英语、法语、俄语、西班牙语、阿拉伯语等进行培训。任正非对培训的重视程度由此可见一斑。华为大学的特点如下：

硬件保障。华为大学坐落在美丽的深圳华为总部，一直以环境舒适、硬件配套设施一流为外界所称道。

华为大学的教学区有培训教学主楼、高级培训中心、教职员楼等主要建筑物。培训教学主楼是培训中心建筑群的主体，拥有各类多媒体教室、高级管理研讨室 120 间，通信实验室 7000 平方米，能满足课堂教学、案例教学、上机操作、工程维护实习和网络教学等多种形式的培训的需要，可以同时容纳 3600 多名客户和员工同时进行培训。

体系完善。华为大学拥有完善的培训体系，不但对员工进行上岗前培训，还有岗中培训和下岗后培训。适时的培训，使员工能及时跟上瞬息万变的市场，更好地为公司发展作贡献。

除了为员工提供多种培训资源，帮助其进行自我提高外，华为大学还设有能力与资格鉴定体系，对员工的技术和能力进行鉴定。

师资庞大。如何稳定和管理已有的培训教师，是企业管理者的一大困扰。在企业不是专业办学单位、培训往往容易被人视为"副业"的错误意识影响下，培训教师容易产生为他人做嫁衣裳、吃力不讨好的思想，觉得职务无法晋升，价值难以实现，心理失衡，萌生去意。而华为的师资队伍建设却一直走在培训领域的前列。

华为大学拥有专、兼职培训教师 1700 余名。这些教师都经过了严格的评估和筛选程序。他们中间既有资深的培训师，也有经验丰富的华为专家和工程师，成为员工通过培训获得工作相关知识技能的保障。"讲师必须是有实践经验的人，没有实践经验的教官不能讲课，只能做组织工作。"任正非如是说。

重视案例教学

近年，全球 ICT 行业迅速进入转型期，为了让客户经理深刻认识行业发展的新趋势，2015 年，华为重大项目部针对公司的客户经理举行"将军池"训战，客户经理张文涛参加了此次训战。他说："经过十天的训战学习和演练，我们用新的思维和方法论分析了来自全球的几十个真实案例，更加清晰地理解了商业的本质，了解到自己的价值。"

其实，案例教学是华为一直以来沿用的重要教学方法。任正非认为："所有的教学案例都要是来自于华为和社会的真实案例，本本主义的案例一个也不要。真实的案例虽然不可能成为很好的培训教材，至少它是正在使用的，这是别人做成功的。如果你认为案例还有欠缺，你可以去补充。关起门来编的案例都是想当然的，打起仗来绝不会用到。课程不要盲目正规化。"[1]

2010 年，任正非在《以"选拔制"建设干部队伍，按流程梳理

---

[1]《华为大学，培训有"道"》，杜丽敏，《学习型中国杂志》，2013 年。

和精简组织，推进组织公开性和均衡性建设》文章中，详细说明了干部后备队的案例学习。任正非表示，干部后备队的案例学习可以分四个阶段：

◆ 第一阶段先从启发式学习开始，先读好教材，最好每天都考一次试，来促进学员通读。胡厚崑、徐直军领导主编的这些教材很好，我想不到会编得这么好，它凝聚了全体编委及大家的心血，也许他们的努力会记入史册的。考完试以后，老师先别改卷子，直接把考卷贴到心声社区，贴到网上去，让他的部下、他周边的人看看他考得怎么样，给他学习的压力。

◆ 第二阶段自己来演讲。演讲的内容不能背那些理论的条条框框，这种演讲是垃圾。要讲你在实践中，你做了哪些事符合或不符合这个价值观。只要你自己讲，我认为都是合格者，不合格者就是那些不动脑筋混的，喊着口号、拍马屁拍得最响的，就是不合格分子。你的演讲稿子和你讲的故事，必须有三个证明人，没有证明人就说明你是编出来的，你在造假，你在骗官。要把证明人的职务、工号、姓名写清楚。你一写完一讲完，我们马上将你写的、讲的贴到心声社区，连你的证明人都公示上去了，看谁在帮你做假。报告也不要写得又臭又长，抓不住重点，抓不住主要矛盾和矛盾的主要方面。

◆ 第三阶段就是大辩论，把观点和故事都讲出来。凡是没有实践的纯理论的东西，就不要让他上讲台，讲纯理论性的东西就扣分。演讲完了大家就辩论，不一定要拥护我们的文化，我们的文化没有特殊性，是普适的，都是从别人那儿学来的、抄来的。以客户为中心，以奋斗者为本，外籍员工听得懂，喊拥护的人也未必就是真心实意地拥护。大辩论中有反对的观点，我认为也是开动了脑筋的，也是有水平的，我们要授予管理老师权力，让反对者过关。我们华为公司允许有反对者，相反，对于正面的观点，我们恰恰要看他是否真正认识到了规律性的东西，还是只是陈词滥调、被动接收。

◆ 第四个阶段，大辩论阶段个人观点展开了，人家好的你吸取了，人家差的你也知道了，然后就是写论文和答辩。你写的论文也要是非理论性的，只要是理论性的就是零分。要讲你的实践过程，你实践了没有，你实践的例子是什么。没有实践，你看到别人做了一件事情做得特别好，你从中学到了东西，你看到别人的实践你也可以写，要让当事人当个证明人。找不到证明人这个阶段就不算过，以后可以补课。

第四节　华为的"全员导师制"

在华为的内部刊物《华为人》上，曾经刊登过这样一个故事：一辆汽车的（零件）圈有毛刺，由于总是发现零件有毛刺的问题，一位工人就自己买了一把锉刀，把问题零件的毛刺锉掉。这样，零件就 100% 合格了。可是，等到他退休了以后，同样的一批零件却有大部分不合格。原来，他并没有把自己的经验告诉别人。

这个故事在华为引起了很大的反响，也引起了华为管理者的重视。通过这件事情，无论是华为员工还是华为管理者都意识到：为那些工作经验不足、工作技能掌握不到位的新员工找一个"导师"是非常有必要的。

华为实行的"全员导师制"，通过"一帮一"的帮扶训练方式，让新员工有更多的机会掌握更多的工作常识和专业技能，并迅速成长为骨干。

华为对导师的确定必须符合两个条件：一是绩效必须好，二是充分认可华为文化，这样的人才有资格担任导师。同时规定，导师最多只能带两名新员工，目的是确保成效。

华为的"全员导师制"和国有企业过去实行的"师徒制"有相同的地方，又有不同的地方。在华为内部，这一做法最早来自于中研部党支部设立的以党员为主的"思想导师"制度，对新员工进行帮助指导，后来被推广到了整个公司。

华为的这一做法是全员性的、全方位的。不仅新员工有导师，所有员工都有导师；不仅生产系统实行这一做法，营销、客服、行政、后勤等所有系统也都采用这一做法。华为认为，所有的员工都需要导师的具体指导，通过"导师制"实现"一帮一，一对红"。

华为的导师职责比较宽泛，不仅仅在于业务、技术上的"传、帮、带"，还有思想上的指引，生活细节上的引领等。

导师在带学生期间，公司会单独给他发一笔钱，连续发半年。

这笔钱做什么用？主要是导师定期请员工吃饭、喝茶，增强沟通；帮助外地员工解决吃住安排，甚至解决情感等问题。总之，导师要在员工入职之初，给予他工作和生活上全方位的辅导和帮助。

下面是一位华为员工的自述："在我进华为的第一个星期，公司就为我选定了一位导师。他是一位相当不错的40岁的工作伙伴。一次，利用在食堂吃午餐的机会，我们坐下来讨论公司的工作，以及如何才能让我更快地适应工作岗位：那是令人愉快而且让我获得大量信息的45分钟。但是自从那次以后，我只见过他一次，而且时间很短，根本就没有机会向他讨教工作经验。结果，我在连续几个月的时间里都不知所措，工作也做得很差，直到这位导师忙完了自己的工作，再找我聊工作上的事情之后，我的心里才踏实起来，工作也顺利了很多。"

2006年，任正非在亚太地区部工作汇报会上这样说道："华为大学也要设立导师制，要由在实践中干得好的，有一定带人水平的员工担任。导师也可以分级，有十分高级的如将帅级；导师实行轮流制，例如一年一轮，表现优秀的导师应优先得到晋升。"

华为这一做法的意义有三点：一是可以增强员工的荣誉感，尤其是对于入职时间不长就成为导师的员工，在工作上会更加严格地要求自己，在新员工面前更好地发挥模范带头作用；二是对于新员工来讲，可以使他们迅速地融入企业的大家庭中来，从思想上、感情上尽快认可企业的制度和文化；三是通过全系统、全方位、全员性的"导师制"的推行，可以形成企业内部良好的环境氛围，层层级级的执行力必然会大大增强。

"导师制"的可执行性与可持续性,需要用制度来保证。华为在这方面推出了导师激励机制,如对"徒弟"的要求、师徒的保证协议、考核标准等,有力地保证了"导师制"的推行。华为"导师制"具有以下几个特点:

◆ 导师激励。为了保证"全员导师制"落实到位,华为对导师实行物质激励,给导师每月300元的"导师费",并且定期评选"优秀导师",被评为"优秀导师"的可得到500元的奖励。

◆ 能上能下。华为选择导师不论资排辈,一切凭真才实学,对于换岗的老员工,在刚到新岗位后,同样会安排导师。导师也许比老员工工龄短、资历低,但在这个岗位上他的个人能力很强,那么他就是导师。在华为,刚毕业进入华为一两年的员工,同样可以成为导师,这对刚入职不久的员工起到了很好的激励作用。

◆ 责任连带。华为"全员导师制"规定,如果徒弟出现问题,导师也不能得到提拔,甚至会降职。因而导师必须承担起培训、培养徒弟的责任,当徒弟出了问题的时候,导师必须承担相应的责任。

◆ 晋升激励。华为把"全员导师制"提升到培养接班人的高度来对待,并以制度的形式做出规定:没有担任过导师的员工,不得提拔为行政干部;不能继续担任导师的员工,不能晋升。

华为推行"全员导师制",不仅可以缩短员工与新环境的磨合期,也能够磨炼他们的意志,提高他们的执行力;同时,"全员导师制"还能够促进员工之间、上下级之间的关系,从而保障团队凝聚力。

华为的导师制和过去国企推行的"师徒制"有相似的地方,但又有很大的不同。华为对导师和徒弟都有非常明确的责任要求,并和个人发展紧密挂钩,保证了导师制能够落地,发挥积极作用。

任正非：致新员工书

你有幸加入了华为公司，我们也有幸获得了与你合作的机会。我们将在相互尊重、相互理解和共同信任的基础上，与你一起度过在公司工作的岁月。这种尊重、理解和信任是愉快地进行共同奋斗的桥梁与纽带。

华为公司共同的价值体系，就是要建立一个共同为世界、为社会、为祖国作出贡献的企业文化。这个文化是开放的、包容的，不断吸纳世界上好的优良文化和管理。如果把这个文化封闭起来，以狭隘的自尊心、狭隘的自豪感为主导，排斥别的先进文化，那么华为一定会失败。这个企业文化黏合全体员工团结合作，走群体奋斗的道路。有了这个平台，你的聪明才智方能很好地发挥，并有所成就。没有责任心，缺乏自我批判精神，不善于合作，不能群体奋斗的人，等于丧失了在华为进步的机会，那样你会空耗了宝贵的光阴。

公司管理是一个矩阵系统，运作起来就是一个求助网。希望你们成为这个大系统中一个开放的子系统，积极、有效地既求助于他人，同时又给予他人支援，这样你就能充分地利用公司资源，你就能借助别人提供的基础，吸取别人的经验，很快进入角色，很快进步。求助没有什么不光彩的，做不好事才不光彩，求助是参与群体奋斗的最好形式。

实践是你水平提高的基础，它充分地检验了你的不足，只有暴露出来，你才会有进步。实践再实践，尤其对青年学生十分重要。只有实践后善于用理论去归纳总结，才会有质的提高。要摆正自己的位置，不怕做小角色，才有可能做大角色。

我们呼唤英雄，不让雷锋吃亏，本身就是创造让各路英雄脱颖而出的条件。雷锋精神与英雄行为的核心本质就是奋斗和奉献。雷锋和英雄都不是超纯的人，也没有固定的标准，其标准是随时代变化的。在华为，一丝不苟地做好本职工作就是奉献，就是英雄行为，就是雷锋精神。

实践改造了、也造就了一代华为人。"你想做专家吗？一律从基层做起"，已经在公司深入人心。一切凭实际能力与责任心定位，对你个人的评价以及应得到的回报主要取决于你的贡献度。在华为，你给公司添上一块砖，公司就给你提供走向成功的阶梯。希望你接受命运的挑战，不屈不挠地前进。你也许会碰得头破血流，但不经磨难，何以成才！在华为改变自己命运的方法，只有两个：一是努力奋斗；二是做出良好的贡献。

公司要求每一个员工要热爱自己的祖国，热爱我们这个刚刚开始振兴的民族。只有背负着民族的希望，才能进行艰苦的搏击，而无怨无悔。我们总有一天，会在世界舞台上占据一席之地。但无论任何时候、无论任何地点都不要做对不起祖国、对不起民族的事情。不要做对不起家人、对不起同事、对不起你为之奋斗的事业的事。要模范遵守所在国家法规和社会公德，要严格遵守公司的各项制度与管理规范。对不合理的制度，只有修改以后才可以不遵守。任何人不能超越法律与制度，不贪污、不盗窃、不腐化。严于律己，帮助别人。

你有时会感到公司没有你想象的公平。真正绝对的公平是没有的，你不能对这方面期望太高。但在努力者面前，机会总是均等的，要承受得起做好事反受委屈。"烧不死的鸟就是凤凰"，这是华为人对待委屈和挫折的态度和挑选干部的准则。没有一定的承受能力，今后如何能挑大梁？其实一个人的命运就掌握在自己手上。生活的评价是会有误差的，但绝不至于黑白颠倒，差之千里。要深信，是太阳总会升起，哪怕暂时还在地平线下。你有可能不理解公司而暂时离开，但我们欢迎你回来。

世上有许多"欲速则不达"的案例，希望你丢掉速成的幻想，学习日本人踏踏实实、德国人一丝不苟的敬业精神。现实生活中能把某一项业务精通是十分难的，你不必面面俱到地去努力，那样更难。干一行，爱一行，行行出状元。你想提高效益、待遇，只有把精力集中在一个有限的工作面上，不然就很难熟能生巧。你什么都想会、什么都想做，就意味着什么都不精通。做任何一件事对你而言都是一个学习和提高的机会，都不是多余的，努力钻进去兴趣自然在。我们要造就一批业精于勤、行成于思，有真正动手能力和管理能力的干部。机遇偏爱踏踏实实的工作者。

公司永远不会提拔一个没有基层经验的人做高层管理者。遵循循序渐进的原则，每一个环节对你的人生都有巨大的意义，你要十分认真地去对待现在手中的任何一件工作，十分认真地走好职业生涯的每一个台阶。你要尊重你的直接领导,尽管你也有能力,甚至比他更强。否则,将来你的部下也不会尊重你。长江后浪总在推前浪。要有系统、有分析地提出你的建议。你是一个有文化者,草率地提议,对你是不负责任,对别人则是浪费了他的时间。特别是新来者,不要下车伊始,动不动就哇啦哇啦。要深入、透彻地分析,找出一个环节的问题,找到解决的办法,踏踏实实地一点一点地去做,不要哗众取宠。

为帮助员工不断超越自我,公司建立了各种培训中心。培训很重要,它是贯彻公司战略意图、推动管理进步和培训干部的重要手段,是华为公司通向未来、通向明天的重要阶梯。你要充分利用这个"大平台",努力学习先进的科学技术、管理技能、科学的思维方法和工作方法。培训也是你走向成功的阶梯。当然你想获得培训,并不是没有条件的。

物质资源终会枯竭,唯有文化才能生生不息。一个高新技术企业不能没有文化,只有文化才能支撑它持续发展。华为的文化就是奋斗文化,它所有文化的内涵都来自世界的、来自各民族的、来自伙伴的甚至竞争对手的先进合理的部分。若问华为有没有自己的核心文化,那奋斗与牺牲精神可以算我们自己的吧!其实奋斗与牺牲也是从别人那里抄来的。有人问我,你形象地描述一下华为文化是什么。我也不能形象地描述什么叫华为文化,我看了《可可西里》的电影,以及残疾人表演的《千手观音》后,我想他们的精神就叫华为文化吧!对于一个新员工来说,要融入华为文化需要一个艰苦过程,每一位员工都要积极主动、脚踏实地地在做事的过程中不断去领悟华为文化的核心价值,从而认同直至消化接纳华为的价值观,使自己成为一个既认同华为文化,又能创造价值的华为人。只有每一批新员工都能尽早地接纳和弘扬华为的文化，才能使华为文化生生不息。

华为文化的特征就是服务文化，谁为谁服务的问题一定要解决。服务的含义是很广的，总的是为用户服务，但具体来讲，下一道工序就是用户，就是你的"上帝"。你必须认真地对待每一道工序和每一个用户。任何时间，任何地点，华为都意味着高品质。希望你时刻牢记。

华为多年来铸就的成就只有两个字——诚信，诚信是生存之本、发展之源，诚信文化是公司最重要的无形资产。诚信也是每一个员工最宝贵的财富。

业余时间可安排一些休闲，但还是要有计划地读些书，不要搞不正当的娱乐活动。为了你成为一个高尚的人，望你自律。

我们不赞成你去指点江山，激扬文字。目前，在中国共产党领导下，国家政治稳定、经济繁荣，这就为企业的发展提供了良好的社会环境，我们要十分珍惜。21世纪是历史给予中华民族一次难得的振兴机会，机不可失，时不再来。"21世纪究竟属于谁"这个问题的实质是国力的较量，国际间的竞争归根到底是在大企业和大企业之间进行。国家综合国力的增强，需要无数大企业组成的产业群去支撑。一个企业要长期保持在国际竞争中的优势，唯一的办法便是拥有自己的竞争力。如何提高企业的竞争力，文章就等你们来做了。

希望你加速磨炼，茁壮成长，我们将一起去托起明天的太阳！

（这篇《致新员工书》最早发表于1994年12月25日第11期《华为人》，多年来任正非数次亲自修订更新，本文是2014年12月19日任正非对此文做的最新修订。）

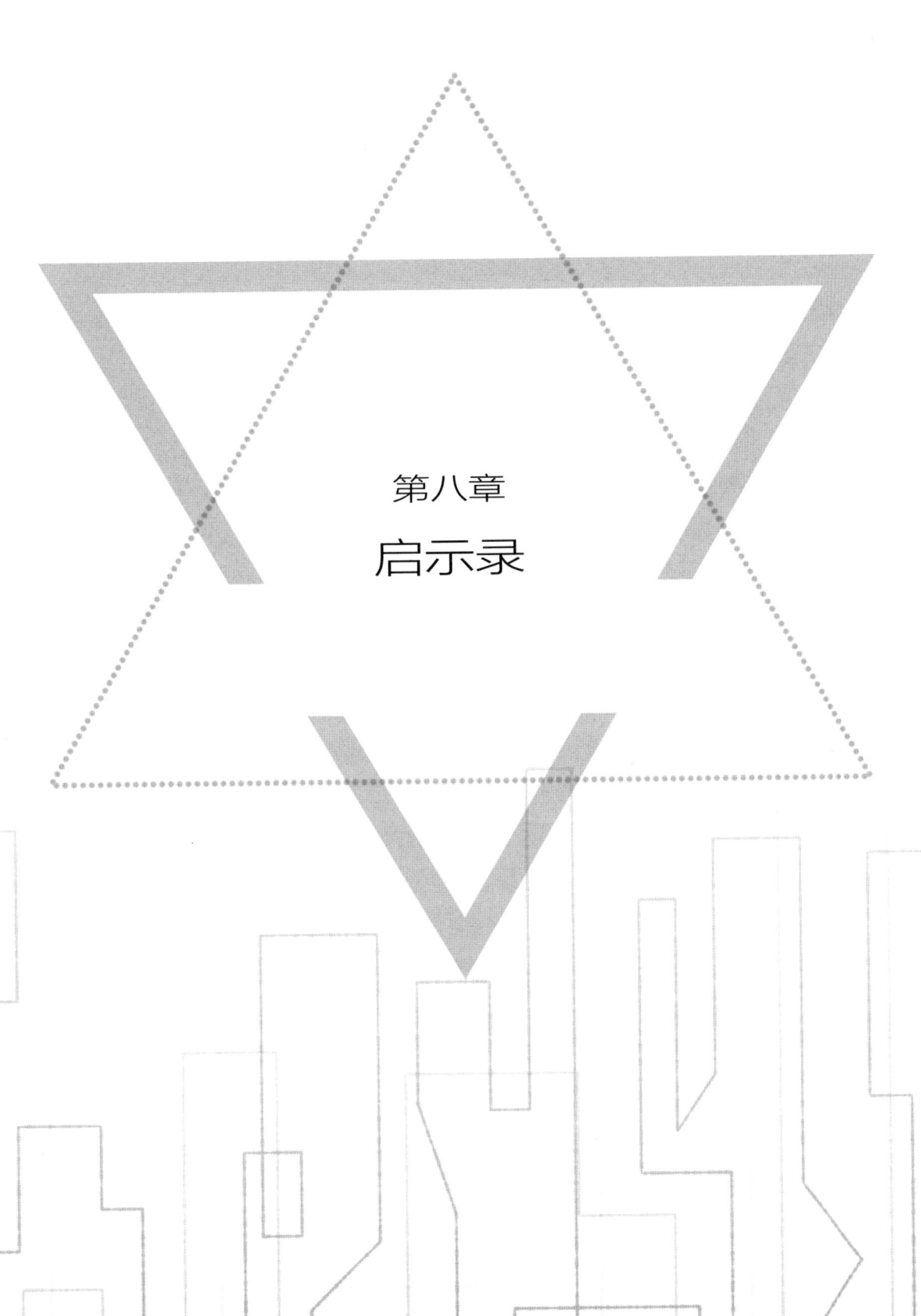

第八章

启示录

任正非说：资源是会枯竭的，唯有文化才会生生不息。一切工业产品都是人类智慧创造的。华为没有可以依存的自然资源，唯有在人的头脑中挖掘出大油田、大森林、大煤矿……

第一节　员工是最大的财富

2017年，任正非在与广州办事处、网络能源产品线和CHR员工的晚餐会上讲过一句令人深思的话："华为公司的胜利是人力资源政策的胜利。"

奋斗就是付出，付出了才会有回报。多年来，华为秉承"不让雷锋吃亏"的理念，建立了一套基本合理的评价机制，并基于评价给予激励回报。华为视员工为宝贵的财富，尽力为员工提供好的工作、生活、保险、医疗保健条件，为员工提供业界有竞争力的薪酬。员工的回报基于其岗位责任的绩效贡献。

庞大的、占员工总数85%的知识型员工队伍，使华为与其他典型意义上的中国制造型企业有着明显的区别。有媒体形象地把华为称为"知识力密集型"企业。

创立不久,华为就开始实行全员持股。华为也是国内最早将人才视为战略性资源的企业。正是靠着员工持股,以及"绝不能让雷锋吃亏"等行之有效的激励机制,华为建立了一支固若金汤的团队,并成功激发了员工的潜能,为华为迅速发展壮大奠定了坚实基础。

单依靠物质激励还不行,正如任正非所说的:"我们要用物质文明来巩固精神文明,用精神文明来带动物质文明。"

在华为的企业文化中,人力资源是很重要的组成部分,是华为持续发展的内在因素。《华为公司基本法》明确指出:"认真负责和管理有效的员工是华为最大的财富。"

知识型员工的特点用一句话来概括就是:作为追求自主性、个体化、多样化和创新精神的员工群体,激励他们的动力更多来自工作的内在报酬本身。

30年来,华为在人力资本上的持续投入相当惊人,仅公司培训中心的硬件投资就近10亿元,而国际上排名前10位的人力资源管理咨询公司,华为5年内就先后请了3家。

通常认为,华为之所以敢在人力资本上高投入,是因为它所获得的高利润足以支撑这个政策。其实,任正非早在《华为公司基本法》中就已经明确:"人力资本增值的目标优先于财务资本增值的目标。"

华为前人力资源副总裁吴建国分析道:"从华为的实施效果来看,任职资格体系的推行产生了重要的作用。首先,它用于人才选拔,建立了明确的行为评判标准,任职资格体系成为'竞聘上岗'

的主要依据；其次，它给员工开辟了多条职业发展通道，有利于员工实现'与企业共同发展'的价值追求；再次，是胜任力培养，通过资格认证，将员工的能力与标准进行比较，从中发现差距，从而进行系统的、有针对性的培养；最后，就是为建立基于能力的薪酬体系打下了基础。另外，任职资格体系的建立，可以产生'人才竞争'的作用。"

第二节　提高员工战斗力

创业之初，华为根本没有资金，是创业者们把自己的工资、奖金投入公司，每个人只拿很微薄的报酬，绝大部分干部、员工常年租住农民房。正是老一代华为人"先生产，后生活"的奉献精神，才让华为挺过了最困难的岁月，支撑起了华为的生存、发展，才有了今天的华为。

企业的高速发展时期，往往都会面临人员急剧增加但效率反而降低的问题。近些年，华为公司正面临着前所未有的发展机遇和挑战，员工队伍也以每年成千上万人的速度急剧增长。据统计，华为各产品线 2005 年以后入职的员工比例普遍高于 50%，个别产品线甚至高达 70%。另外，华为大学的培训工作量、2006 年应届生招聘的规模、采购部承接的办公场地租赁申请等一系列数据，也从不同的角度反映出人员增长的迅猛。

与此同时，也不难发现一些明显的问题：华为软件编程规范考试，70% 的新员工不及格；原来一个项目组 10 个人做的工作，可能现在要 20 个人来做，而工作量实际并未增加多少；部分产品交付质量差，遗留缺陷密度呈上升趋势，客户满意度下降；讲奉献、讲奋斗的人少了，谈条件、谈待遇的人多了。大量主管跑步上岗，对基层员工的培养和绩效辅导严重不足，组织气氛淡化，原有的经验和优良文化被大量稀释……

华为 2007 年底发布的《告全体员工书》中这样写道："在全球化经营环境下，公司内部管理必须持续保持激活状态，任何时候我们都不能放弃艰苦奋斗。为此，2006 年以来，我们推行'以岗定级、以级定薪、人岗匹配、易岗易薪'的薪酬制度改革，用制度保障奋斗者得到合理的回报，落实公司'以奋斗者为本，不让雷锋吃亏'的价值导向。这次薪酬制度改革重点是'按责任与贡献付酬'，而不是按资历付酬。根据岗位责任和贡献产出，确定每个岗位的工资级别；员工匹配上岗，获得相应的工资待遇；员工岗位调整了，工资待遇随之调整。这次改革受益最大的是那些有奋斗精神、勇于承担责任、冲锋在前并作出贡献的员工；受鞭策的是那些安于现状，不思进取，躺在功劳簿上睡大觉的员工。老员工如果懈怠了、不努力奋斗了，其岗位会被调整下来，待遇也调整下来。公司希望通过薪酬制度改革，实现鼓励员工在未来的国际化拓展中持续努力奋斗，不让雷锋吃亏。"

企业成功的关键不在于企业中拥有多少人才，而在于其运营机制的好坏。一个好的机制不但能够不断地造就人才，能够使优秀的人才脱颖而出，能够吸纳更多的外部人才，能够使人才产生出高绩效，而且也能够使那些普通员工转化为企业所需要的人才。而一个没有活力的机制不但会消磨人的创造力，使之变为庸才，产生负向的破坏力，还会使优秀的人才用自己的脚去选择更有活力的机制。引进人才并不困难，困难的是让人才为企业所用。企业是否能够吸引、留住和有效使用人才并不决定于企业是否出手大方，而在于企业能否构建人才脱颖而出的机制，在于企业是否具有让人才发挥作用的舞台。

什么样的机制缺乏活力？答案无疑是"大锅饭"机制。因为在这种机制中，干与不干，干好与干坏，干多与干少，创造价值与破坏价值，奉献与偷懒，得到的评价和获取的利益是无差别的，企业员工也因此缺乏开发人力资源和提升职业化能力的直接动力。没有落差，没有倾斜，没有矛盾，没有激励，就不会有动力。这种机制对员工产生的导向是，减少个人的劳动投入和智力投入，使个人投入在低水平上保持与回报的一致。所以大锅饭现象概括起来讲，就是干部能上不能下，员工能进不能出，工资能高不能低。在这种机制下，好人会变成坏人，好人会不干好事。

什么是有活力的企业机制？

企业机制的关键在于，不能让雷锋吃亏，奉献者定当得到合理回报。在为企业作出贡献的员工不吃亏的情况下，会有更多的员工增加自己的投入。因为一个生机勃勃的企业机制，其基本的原理在于能够激励与回报那些为企业创造价值的员工。

2009年3月，任正非在销售服务体系奋斗颁奖大会上讲道："我们要继续坚持以有效增长、利润、现金流、提高人均效益为起点的考核（条件成熟的地方，可以以薪酬总额为计算基础）。凡不能达到公司人均效益提升改进平均线以上的，体系团队负责人，片区、产品线、部门、地区部、代表处等各级一把手，要进行问责。在超越平均线以上的部门，要对正利润、正现金流、战略目标的实现进行排序。坚决对高级管理干部进行末位淘汰，改变过去'刑不上大夫'的做法，调整有一线成功实践经验的人补充到机关。"

第三节　用制度发挥员工的能动性

华为员工的流动性并不小，但很少是被挖走的，大多数是主动出去创业的。这种现象归功于华为对员工的任职资格管理。华为从绩效考核转向任职资格管理，可以说是一个重要探索。应该说，任职资格管理是中国企业在探索新的管理模式上的最佳实践之一，它被任正非视为华为过去 10 年的三大成功变革之一，也备受业界推崇和效仿，已经显示了其强大的生命力。

要让员工积极创造成为自发行为，而不必受困于或过度依赖于发奖金、处罚等胡萝卜加大棒之类的外在手段。想要做到这一点，就需要进一步把目标的实现与员工的利益联系起来，确保价值创造、价值评价、价值分配规则的清晰、稳定。华为的任职资格体系较好地回答了这个问题。

在有的公司，工程师就是工程师，可能一辈子都没有变化，员工越做越没有希望。而在华为，工程师被分为五级，从初级工程师到专家，能覆盖员工整个职业生涯阶段的能力、责任与贡献的特点。同时，除了上述的技术通道外，有管理潜质的技术人员也可以申请往管理方向发展。通过任职资格的认证，处在不同等级的员工获得相应的回报，从初级工程师的一般性薪酬福利到专家所能获得的股权、专业决策权、配备技术助理等各不相同，这符合公司的业务需求，也涵盖了员工不同职业生涯阶段的个人需求。

从秘书开始。借鉴英国 NVQ 企业行政管理资格认证，建立了文秘的行为规范，提高了工作效率，还解决了秘书的职业发展通道问题，极大地促进了秘书的积极性。

确定任职资格。员工可以根据自身的任职资格，对照自己的工作流程。华为在引进 NVQ 体系的试点工作中，组织文秘和有关管理人员对国际企业行政管理标准进行了认真学习。对照标准要求来考核工作，使员工们明确了工作改进的目标和文秘人员的职业发展通道。资格体系做好后，秘书们终于明白了自己发展的方向。华为秘书的职业能力迅速提高，像电脑管理、文档管理、电话处理，别的单位得招三个人来做，在华为一人足矣。华为还建立了资格认证部，组织培训了专门人员负责文秘人员的考评工作，同时还带动了公司员工的培训工作。

推进过程三位一体。到 1999 年，华为的人力资源管理架构基本成形，包括绩效管理体系、薪酬分配体系和任职资格评价体系。

在华为，6 个培训中心统统归属于任职资格管理部，乍看不可思议，其实顺理成章。许多企业都为之头痛的培训无效问题，往往是由于缺少任职资格体系，无法得知"现有"和"应有"的差距。

而在华为，有了任职资格体系，从某一级升到上一级需要提高的能力一目了然，培训便具有针对性。

以明确的管理和专业技术双重职业发展通道为基础，华为的任职资格管理包括任职资格标准开发和任职资格认证两个部分。

一是任职资格标准开发。华为的任职资格标准包括资格标准和行为标准两个方面的内容。资格标准是任职资格不同能力级别表现出来的特征，是知识、经验和技能等的总和。它强调的是员工在专业领域中处在什么样的位置上，是员工技能水平的标尺，主要包括必备知识、专业经验、专业技能和专业成果四个部分。其中，专业技能是资格标准的核心。行为标准则是完成某一业务范围工作活动的成功行为的总和。它强调的是员工做了什么，怎么做的，是员工职业化水平的标尺，主要包括行为模块、行为要项和行为标准项三个部分。

二是任职资格认证。华为员工的任职资格认证包括两个方面，即任职资格等级评定和任职资格行为能力评价。由于两者的着眼点、评价标准都不一样，在评价程序上就需要区别对待。任职资格等级评定一般要经过必备知识测评、员工自检、资格等级评定会议和资格等级评定结果审核、资格等级评定结果反馈等程序。而任职资格行为能力评价主要采用行为能力日常评价与行为能力面谈会两种方法，根据企业的实际情况，或者两种方法择一，或者结合起来使用。[1]

---

[1]《华为的任职资格管理探索与实践》，洪亮，周艺萍，《中国培训》，2009年。

第四节　人才本土化重在引导

全球化和本土化战略是华为克服海外"水土不服"的重要举措，本土化已经成为华为企业文化的标志之一。

例如，华为摩洛哥办事处是一个跨文化的团队，有中国人、摩洛哥人、埃及人。同时，它也是一个本土公司。华为摩洛哥办事处有400多名员工，70%左右都是当地员工。从进入摩洛哥到现在，中方员工的比例越来越小。在华为摩洛哥子公司的管理层中，一半为非中国人。华为员工的薪酬和福利在摩洛哥并不是最高的，但公司从初创时的8名员工发展到400余人，给员工提供的发展空间是其他公司无法相比的。

在海外工作的中国员工，由于语言或文化等方面的原因，往往很难融入当地生活。但在华为的跨文化团队里，来自不同地区的员工相互尊重、相互学习。一些中方员工还同当地员工结婚生子。不仅如此，华为还积极履行社会责任，赞助当地的教育、妇女、儿童和环保事业。2010年4月，波兰总统飞机失事事件发生时，华为与波兰当地的一个通信运营商TPSA一起成立了空难基金会，帮助在空难中失去父母的儿童。本土化是华为实施的正确的战略。它向华为的客户发出了一个信号，那就是华为不只是对赚钱感兴趣，而且还想成为当地的一分子。

将高管派驻印度之前，华为公司通常会提醒他们取一个印度当地名字，以便更好地融入印度本土文化。当华为需要与印度当地公共部门打交道时，也会派专门人员出面。20世纪90年代华为在印度建立分公司以来,"印度化"已经成为华为历经困难却能够生存下来的重要因素。此外,华为印度分公司2011年还雇用4名印度本土高级管理人员,意在使其管理更加"本土化"。

在华为的本土化战略中,除了给当地提供就业机会、培训人才和依法纳税外,华为还积极履行社会责任,赞助当地的教育、儿童和慈善事业。值得一提的是,"未来种子"是华为全球企业社会责任旗舰项目,旨在培养更多通信信息技术人才。截至2016年底,"未来种子"项目已在五大洲96个国家撒下希望的种子,全球280多所高校的3万余名学生从中受益。2017年7月6日,华为巴西公司在圣保罗新落成的华为培训中心举行"未来种子"颁奖仪式,为即将赴中国学习的2017年巴西20名"未来种子"大学生颁发证书。巴西通信科技部副部长安德烈、教育部信息科技总监雷蒙斯及劳工部就业政策处处长伊吉诺等出席该活动。这是华为巴西公司选拔的第三批"未来种子"大学生。截至2017年底,华为"未来种子"项目已覆盖108个国家和地区,帮助培养本地ICT人才,推动知识迁移,增加人们对于ICT行业的了解和兴趣。

但凡跨国公司在海外设立办事机构,实行本土化战略是其入乡随俗的必经之路。不过,本土化固然有其地利人和的优势,但是也存在着固有的弱点。因此,华为在海外机构本土化过程中与其他公司不同,并非一味迎合,它更注重的是对当地文化的"包容性"和"引导性"。

在墨西哥,华为的本土化战略相对而言比较彻底。华为完全按照本地的节假日作息,按照本地的风俗给员工过生日,按照本地员工的习惯上下班。由于墨西哥城塞车问题很严重，因此，华为允许员工上班时间可以稍微迟些。

随着"本土化"经营策略的逐步实施，华为海外机构的中外员工比例不断发生变化。在华为印度分部，已由最初的中方技术骨干挑大梁变为印方技术人员居大多数。同时，华为每年都要从当地应届大学毕业生中选拔一批软件专业人才，而他们所创造的效益也颇引人注目。华为印度公司所开发的软件，几乎涉及华为技术公司的所有最新产品。

第五节 《华为公司人力资源管理纲要2.0》

在数字革命的大背景下，产业环境更加复杂、更加不确定，机会更多，对手更强，风险更大。企业的人才观、组织模式也相应出现新变化。今天的华为公司内外经营环境正在变得更复杂，使得华为面临更为复杂的管理挑战。一方面成熟的运营商业务需要持续优化、夯实；另一方面，包括消费者业务与企业业务在内的成长性业务和云业务等探索性业务，需要结合业务特点建立有效的管理体系。

数字革命正在驱动产业的跨界与重构，产业机会与风险并存。华为的客户范围更广泛，包括运营商、五大行业、安平、云服务客户、消费者业务；华为的业务模式更繁多，从产品到解决方案，再到云服务、智能终端……

当然，华为的竞争对手也将更多，所面对的竞争方式更陌生，比如技术竞争、产品竞争、商业模式竞争、生态能力竞争、商业思想竞争等。

在客户需求、技术演进和人才变化等因素驱动下，业界组织与人才管理呈现新趋势：第一，人才方面，企业发展更依赖优质人才的创新，对外加强全球新技术"优才"的获取，对内实施队伍结构调整，差异化考核与激励"超优"和创新人才，构建激发人才创新创造的机制和环境；第二，组织方面，"平台+业务团队"的敏捷组织模式盛行；第三，企业方面，组织边界不断开放，人与机器开始共同创造。打破组织边界，生态资源成为企业能力组成部分。机器人、认知计算和AI正在成为"增强劳动力"。管理者拥有更广泛的资源整合领导力。

不论是从商业因素、技术因素，还是从人才因素上看，华为都有必要进行人力资源管理升级。

从商业因素看，数字时代的信息透明化，使客户在需求与供给的博弈中逐步占据主导，需方需求更个性，对服务体验要求更高；要求供方更具创造力、更敏捷高效。但目前华为的组织运作模式、资源整合方式等难以快速、个性化地适应新需求。

从技术因素看，高新技术变革加速与企业效率提升间出现"剪刀差"，缩小"剪刀差"的途径是让企业员工适应技术变革速度，让企业响应技术变革的速度接近于人。因此，持续学习能力、利用新技术创新的能力成为个体与企业打造竞争力的新关键。

从人才因素看，企业人员结构更多元，"85后"开始成为职场的主力军，"互联网一代"渴求更宽松的创造环境、更自主的创造过程、更激励人心的创造意义、更新鲜的创造技能。

华为成熟业务管理需要夯实，成长业务与新发展业务需要差异化管理，未来业务管理需要架构支撑。2017 年，在华为成立 30 周年之际，任正非对《华为公司人力资源管理纲要 2.0》的制订高度重视，在公司内部展开了广泛而深入的讨论。华为人对人力资源管理提出了新的问题：面向成熟的业务，如何简化管理，提高运作效率，改善经营效益，解决问题？面向成长业务与新发展业务，如何差异化管理，促进发展？面向未来的多业务管理，如何搭好管理架构，既保证集团的中央管控有效，又让各业务自主生长？如何既充分发挥大平台的优势，又保持小团队的活力？

《华为公司人力资源管理纲要 2.0》明确了公司持续创造价值的使命与管理模式。华为持续创造价值的使命：把数字世界带入每个人、每个家庭、每个组织，构建万物互联的智能世界。从"一棵大树"到"一片森林"，建立"共同价值守护与共同平台支撑下的分布式经营模式"，实现公司在多业务结构下的持续健康发展。所谓"统治与分治并重的分布式经营管理"，就是集团职能部门构成中央平台，是统治的抓手，拥有集团统治实施的管控、监督责任以及集团能力支撑与服务职能。它一方面协助集团实施统治和必要的全球作战指挥，另一方面建设集团各业务发展所需的共性资源与能力。中央平台的管控监督责任与支撑服务的职能未来逐步分离。各差异化业务体系是分治系统，拥有具体业务的战略决策、作战指挥、干部评价等作战责权，在内外合规基础上，多打粮食，增强土地肥力。

过去 30 年，华为人力资源管理沉淀了很多优秀的经验，需要继承与发展的核心理念包括：

人力资源管理的价值贡献：让组织始终充满活力，人力资源管理要通过实现组织持续的熵减与开放，祛除积弊，焕发活力，保证在业务方向大致正确时高效执行，在业务方向发生偏差时及时纠偏，保障公司在业务上实现持续的商业成功，在适应时代的变迁上实现优先进化。

人力资源管理的主要途径：坚持核心价值观、责任结果导向与自我批判，开放学习外部优秀实践，优化价值创造管理循环，基于信任简化厚重管理体系，面向差异化业务与人群实行差异化管理，保障公司业务有效增长。具体而言，包括以下几方面的内容：

◆ 全力创造价值：实施"技术创新＋客户需求"双轮驱动，把握好业务发展的方向，构建产业竞争与控制力。基于信任，简化过程管理，在内外合规下，牵引公司作战力量聚焦多产粮食、增加土地肥力，而不是过度消耗于内部运作。适应不同业务及发展特点，差异化组织队形与运作管理，提高组织敏捷性和运作效率。对内打造具有企业家精神的主官队伍和高度积极的精兵队伍；对外汇聚英才，培育优质的生态资源。由职业化管理的职员构成面向确定性稳定运作的平台支撑；由能上能下的主官和专家构建面向不确定性创新创造的牵引力量。"让创造的力量在稳定的平台上跳舞。"

◆ 正确评价价值：面向不同的业务及发展特点，差异化组织的考核导向。在公司业务边界内，成熟业务考核导向经营、成长业务考核导向发展、发展初期业务考核导向战略成功。面向工作性质的确定性与不确定性,差异化各类人才群体的贡献评价,牵引主官聚焦胜利、专家解决问题、职员高质执行、工匠精益改进。面向承担经营性责任的组织和员工,要建立短期与长期贡献相结合的合理评价机制;面向承担职能性责任的组织和员工,评价中要区分好管控、监督与服务的不同工作贡献。

◆ 合理分配价值:丰富激发员工价值创造动力手段,物质文明与精神文明建设并重。构建全价值链贡献分享机制,让更多、更好的资源参与公司价值创造过程;基于不同业务与人群的不同责任贡献,构建差异化价值分配机制,撬动更大的价值创造。机会与薪酬激励管理既要提升针对性,向促进公司有效增长的新业务与做出突出贡献的超优人才倾斜,又要注意避免破坏公司集体奋斗传统的继承与发扬。

未来,华为人力资源管理的要素管理及自身管理着重从以下六方面改进:

◆ 坚持"核心价值观",用公司的愿景和使命激发员工个人工作动力,以公司的发展提供员工成长的机会,营造信任、协作、奋斗的组织氛围,持续激发组织与员工积极创造的精神动力。

◆ 坚持多劳多得,优化与完善全产业链价值创造与分享机制，让更多、更优秀的内外部人才参与到公司价值创造中来，让各类人才更愿意、更好地创造更大价值。

◆ 坚持"从成功实践中选拔干部"，打造"富有高度使命感与责任感，具有战略洞察能力与决断力、战役的管控能力、崇尚战斗意志、自我牺牲和求真务实精神"的干部队伍。

◆ 坚持"努力奋斗的优秀人才是公司价值创造之源"，让外部优才汇聚、内部英才辈出，建设匹配业务、结构合理、专业精深、富有创造活力的人才队伍。

◆ 坚持"业务决定组织"，适应不同业务特点、发挥大平台优势，简化组织考核、增强协作牵引，构建聚焦客户、灵活敏捷、协同共进的组织。

◆ 人力资源管理要来源于业务、服务于业务，构建"以业务为中心、以结果为导向、贴近作战一线、能使业务发展"的人力资源体系。

21世纪最重要的资源，是人才；未来社会发展的核心驱动力，同样也是人才。华为白手起家，没有任何背景，靠的就是华为全体人员艰苦奋斗、共同努力，才换来了今天华为的辉煌成就。所以，华为最宝贵的财富，就是人才。那么，在未来发展的道路上，华为要想实现更大的突破和挑战新的高度，势必要汇聚天下英才，吸取宇宙能量，通过激发人才和团队的潜力，形成企业创新的"洪荒之力"，构筑不可撼动的事业根基。

参考书目

[1]黄卫伟.以奋斗者为本[M].北京：中信出版社，2014.

[2]张继辰，文丽颜.华为的人力资源管理[M].深圳：海天出版社，2015.

[3]田涛，吴春波.下一个倒下的会不会是华为[M].北京：中信出版社，2012.

[4]孙科柳.华为执行力[M].北京：电子工业出版社，2014.

[5]孙科柳.华为绩效管理法[M].北京：电子工业出版社，2014.

[6]孙科柳.华为带队伍[M].北京：电子工业出版社，2014.

[7]德鲁克.变动世界的经营者[M].林克，译.北京：东方出版社，2010.

[8]谢琳，余晓明，米建华.危机下的股权激励——以华为公司为例[J].中国人力资源开发，2009.

[9]庄文静.华为：如何让新员工融入"狼群"[J].中外管理，2014.

[10]徐立新.华为HR总裁：公司倡导什么，看普通员工表现就知道了[J].经理人，2013.

[11]五斗米.华为内部反思十大内耗，别说你的公司没有[J].创业邦，2015.

[12]杜丽敏.华为大学，培训有"道"[J].学习型中国杂志，2013.

[13]严薇.华为员工将如何革新全员持股[J].好公司，2014.

[14]徐维强.华为去年为员工福利砸下19.7亿元[N].南方都市报，2011.

[15]迪米.华为逐渐揭开股权结构面纱：15万员工8万人持股，占公司99%[N].金融时报，2014.

[16]李晶，孟晚舟.华为还没有遇到天花板[N].经济观察报，2014.

[17]华为人力资源部.樱桃好吃树难栽，大旱来了怎么办[N].华为人，2010.

[18]尹玉昆.烧不死的鸟是凤凰[N].华为人，2008.

[19]华为查实116员工涉腐败,终端业务现上亿受贿案[N].第一财经日报,2014.

[20]邱海燕.华为员工培训体系及其启示[N].广东广播电视大学学报,2011.

[21]为啥全世界都怕华为?为培养团队肯给员工百万股利 [N/OL].搜狐,2014.http://business.sohu.com/20140714/n402193771.shtml.

[22]华为一年为员工支付8.4亿元社保,任正非退休获批准[N/OL].网易科技,2007.http://tech.163.com/07/1224/12/40FPID1Q000915BE.html.

[23]华为召开"反腐"大会,重拳严打内部腐败[N/OL].财新网,2014.http://companies.caixin.com/2014-09-05/100725643.html.

[24]华为员工能拿多少钱,揭秘一个真实的华为[N/OL].中国企业家网,2014.http://www.iceo.com.cn/com2013/2014/0522/289869.shtml.

后记

在现代管理学之父德鲁克看来,人力资源是所有资源中最有生产力、最多才多艺,也是最丰富的资源。它最大的优势在于"具有协调、整合、判断和想象的能力"。在华为科学的人力资源管理体系支撑下,华为高效的战斗力征服了世界。我们不一定能全盘接受华为的人力资源管理系统,打造出同样的人力资源管理文化,但我们一定要知道华为团队的战斗力为什么会如此强大,也要知道我们应该走在怎样的一条大道上。

在《华为之人力资源管理》写作过程中,作者查阅、参考了大量的资料和作品,部分未能注明来源并支付稿酬的,希望相关版权拥有者见到本声明后及时与我们联系(zkjhwh2016@163.com),我们将按相关规定支付稿酬。在此,深深表示歉意与感谢。

由于编者水平有限,书中不足之处在所难免,恳请广大读者指正。同时,为了给读者奉献较好的作品,本书在写作过程中的资料搜集、查阅、检索与整理的工作量非常巨大,得到了许多人的热心支持与帮助,在此对他们的辛勤劳动与精益求精的敬业精神表示衷心感谢!